# 카지노와 행복의 역설

CASINO'S HAPPINESS-PARADOX

# 카지노와 행복의 역설

## CASINO'S HAPPINESS-PARADOX

박성수 지음

# 카지노를 행복하게 이용하는 방법

『복합리조트시대 카지노미학』에서는 전 세계 카지노 중에서 대표 사례가 되는 라스베이거스와 마카오, 싱가포르의 현황을 복합카지노리조트라는 관점에서 살펴보았다. 복합리조트 시대의 카지노는 자본주의 세계에서 늪의 연꽃과 같이 아름답기도 하고 매혹적이기도 하다. 그렇기에 여러 국가가 너도나도 카지노를 중심으로 복합리조트에 투자하고 있는 상황이다.

이번에는 『카지노와 행복의 역설』이란 책을 쓰게 되었다. 내국인 카지노가 도입된 지 20년이 지났지만, 아직도 카지노가 건전한 레저나 오락으로서 그 가치를 충분히 인정받지는 못하고 있는 것 같다. 카지노를 이용하는 고객들 역시 손님으로서 충분히 존중받지 못하는 요소가 있다.

이 책은 카지노를 이용하는 고객의 입장에서 카지노를 행복하게 이용할 수 있는 방법을 살펴보고자 하였다. 모두가 행복하게 카지노를 이용할 때, 카지노 산업의 가치도 더 존중받을 수 있기 때문이다.

제1장에서는 게임의 가치와 카지노에 대한 사회적 인식에 대해 살펴보았다. 그리고 카지노라는 업의 개념을 극적인 인생 스토리를 경험할 수 있는 곳으로 재정의하였다.

제2장에서는 카지노 게임의 원리와 확률에 대한 이론적 개념을 보다 자세하게 소개함으로써 '묻지마 베팅'이 아닌 나름 수학적으로 또는 통계적으로 '이성적이고 합리적인 베팅'을 할 수 있도록 구성해 보았다.

카지노 게임은 구조적으로 고객이 이길 수 있는 승률이 50% 미만으로, 카지노 회사에 유리하게 만들어져 있다. 확률적으로 50% 미만의 게임을 한다는 것은, 돈을 딸 때도 있고 잃을 때도 있지만 오래 지속해서 반복하면 가지고 있는 자본금은 결국 0에 가까워진다는 것, 즉 자본이 잠식당하게 된다는 것이다.

그럼에도 불구하고 이러한 카지노 게임의 구조적·열악한 환경 속에서 어떻게 하면 돈을 딸 수 있는지, 수학적, 통계적인 시각에 근거하여 환경을 극복할 수 있는 나름 최적의 베팅 비법도 소개하고 있다.

제3장에서는 카지노 게임의 종류를 소개한다. 게임 종류별로 당첨 확률을 비교하고 그에 대한 승률을 분석한다. 어떠한 베팅의 위험도가 얼마나 큰지, 기대수익은 얼마인지를 분석함으로써 카지노 게임에 대한 막연한 기대감과 불안감을 해소하고 좀 더 가까이 다가가 이해할 수 있도록 하였다.

제4장에서는 카지노 게임의 특성과 게이머의 심리를 파악하여 투자로서의 가치를 비교하여 제시하였다. 이성적인 판단하에 자본을 투입하는 행위라는 점에서, 카지노 역시 투자로서의 가치를 지니고 있음을 강조하였다.

제5장에서는 인류 역사상 누구나 공통으로 추구하는 가치로서 우리가 일상에서 찾을 수 있는 행복을 '삶에서 만족과 기쁨 찾기'로 정의하였다. 지금 우리가 살고 있는 한국 사회는 행복한지, 아니라면 왜 불행하다고 생각하는지, 또 '세계에서 가장 행복한 나라'는 어떻게 살고 있는지를 살펴보면서, 우리가 행복감을 높이려면 어떠한 노력을 해야 하는지를 살펴보았다.

우리가 삶에서 행복을 추구할 수 있는 하나의 방법으로서 놀이, 즉 게임의 가치에 주목해 보면, 카지노는 세계에서 가장 인기 있는 성인의 놀이이다. 카지노 게임은 엄청난 재미와 기쁨, 짜릿함 등 무아지경의 유희적 행복을 제공해 준다. 반면에 쾌락과 몰입을 반복하게 되면 카지노 이외의 것에는 소홀하게 되고, 삶에서 보람이나 자긍심을 느끼지 못하거나 죄의식을 갖는 등 가치·의미적 행복과는 서로 모순되는 특성이 나타나게 된다. 이를 '카지노의 행복-역설Casino's happiness-paradox'이라는 개념으로 표현하였다. 이는 카지노 게임은 유희적 행복 개념에서 권장되어야 하지만, 가치·의미적 행복은 깨지지 않도록 예방하고 관리되어야 한다는 것을 시사한다.

우리가 사는 세상은 거의 모든 측면에서 양면성이 존재한다. 좋은 점이 있다면 나쁜 점도 있고, 긍정적인 효과가 있다면 부정적인 측면도 있기 마련이다. 소유하기 위해 투자하지만, 가지고 있던 재산마저 빼앗겨 버릴 수도 있다. 행복하기 위해 카지노를 경험했는데, 그 카지노로 인해 오히려 더 불행해질 경우도 있다. 카지노에는 행복의 역설적 개념이 존재한다.

카지노가 지닌 유희적 행복을 최대한 누려 개인이 더 행복해지기를 바란다. 하지만 가치·의미적 행복감도 저버려서는 안 된다. 카지노보다도 더 중요한 것은 건강, 가족, 인간관계 등일 것이다. 카지노로 인해 이들 행복의 가치를 빼앗겨서는 안 된다. 카지노로 인해 행복을 얻고, 카지노로 인해 행복을 잃지 않기 위해서는 **'카지노의 행복-역설'**의 개념에 유의해야 한다.

# 목차

# 1

♥ ♠ ♦ ♣

## 게임이란

## 무엇인가?

# 1. 게임의 가치와 게임하는 이유

## 1) 놀이하는 인간, 게임은 삶의 의미이자 살아가는 것 그 자체

'놀이'는 '휴식'이나 '즐거움'과 연상되는 개념으로 우리가 재미를 위해 하는 행위라고 정의할 수 있다. 종종 일상생활에서는 게임$^{game}$이라는 용어와 구분 없이 사용되기도 하고 오락(娛樂)이라는 개념으로 사용되기도 하는데, 종류가 수도 없이 많고 또 다양해서 그 개념을 정확히 정의하기는 쉽지 않다.

철학자 아리스토텔레스는 놀이를 일상적인 활동으로 생각하고, 인간이 여유를 즐기면서 자유롭게 삶의 완성을 이뤄가는 스콜레$^{schole}$[1] 중 하나로서 새로운 것을 창조하기 위하여 자기 자신을 온전히 몰두시키면서 행복을 추구하는 활동으로 보았다.

네덜란드의 역사학자 요안 호이징하는 인간을 '호모 루덴스$^{homo\ ludens}$(놀이하는 인간)'라 정의한 바 있는데, 그는 놀이를 일

---

[1] 스콜레는 주로 여가를 활용해 자유 시간을 즐기는 활동을 의미한다.

정한 시간과 공간의 한계 속에서 자유롭게 동의한 그러나 완전히 구속력이 있는 규칙에 따라 행해지며, 그 자체에 목적이 있고, 긴장과 즐거움의 감정, 아울러 일상생활과는 다른 의식을 동반하는 자발적인 행위나 활동으로 정의한다.[2]

그가 주장한 놀이의 형식적 요소 세 가지는 다음과 같다.

첫째, 놀이는 '자유로운 것'이다. 즉, 놀이는 '내적 동기에 의한 자기 목적 활동'이다.

둘째, 놀이는 현실과 일정 부분 분리된 행위로, '실제의 생활을 벗어나서 아주 자유스러운 일시적 활동의 영역으로 들어가는 것'이다.

셋째, 놀이는 일상적인 삶과 구분되는 경험으로 장소와 시간의 제한을 받는다. 이는 놀이가 '장소의 격리성과 시간의 한계성'을 갖는다는 것이다.

노명우는 저서 『호모 루덴스: 놀이하는 인간을 꿈꾸다』에서 현대 사회에서 놀이뿐 아니라 노동의 가치와 의미에 많은 변화가 있었다는 점을 지적하면서, 과거 신분제 사회에서 놀이와 노동은 각각 자유민과 노예에게 배타적으로 귀속되어 있었으나, 신분제가 붕괴된 오늘날의 사회에서 노동과 놀이는 모든 사람

---

2) 요한 호이징하 저/김윤수 역, 1981, p.56.

이 하는 활동으로 인정되고 있다고 보았다.

하지만 과거 산업사회에서 여가는 노동 시간을 위해 부수적으로 필요한 것, 즉, 생산적 활동을 더 열심히 하기 위해 필요한 것이라는 사회적 인식과 편견이 존재했다고 볼 수 있다. 물론 아직도 놀이는 사회적으로 인정받는 활동은 아니다. 여가 생활이 행복을 느끼기 위한 관조적 활동으로 인정받는 것과는 다르게, 놀이는 상대적으로 비생산적·비윤리적인 활동으로 평가받거나 무가치한 활동으로 취급받았다고 하는 것이 적정한 표현일 것 같다.

아이들에게 있어서도 놀이는 상대적으로 자유롭지만 허락받아야 하는 소극적 활동 혹은 종속적 활동에 불과한 실정이다. 가정에서 게임은 역시 학습을 위해 잠시 쉬는, 부모님께 허락받아야 하는 휴식 활동 정도로 여전히 인식되고 있다.

하지만, 디지털 사회의 출현과 함께 노동과 놀이의 개념이 변화하고 있다. 놀이가 새로운 오락산업의 상품이자 일로 전환되기도 하였고, 프로게이머처럼 놀이 활동을 전문으로 하는 직업이 생겼으며, 포커 대회가 수십억 원대의 상금을 걸고 열리는 등 우리 사회에서 놀이는 중요한 활동으로 인정받고 있으며, 동시에 거대한 엔터테인먼트 산업이 되었다.

특히 기술의 발전과 적극 결합하면서 놀이와 노동은 새로운 문화를 생성하면서 발전하고 있다. 이제 놀이는 단순히 인간 본성을 위한 여가 활동이 아니라 노동 중심의 사회를 탈피할 수 있는 중요한 개념이자 실천 활동으로 변화하고 있다. 사회가 놀이의 변화를 만들어 가는 것이 아니라 놀이가 사회를 변화시키고 있는 것이다.[3)]

놀이에 관한 논의는 더 이상 선악 구분 또는 필요성이나 가치에 대한 인정 등 소모적 논란에서 머물지 않으며, **놀이 혹은 게임이 현재 우리의 삶과 사회에 어떠한 의미와 영향을 주는지**가 더 중요한 시기가 되었다.

## 2) '재미', '몰입', '행복의 오아시스'로서의 게임

게임을 하는 가장 큰 이유는 무엇일까. 그 물음에 대한 첫 번째 대답은 바로 즐거움을 얻기 때문이란 것이다. 그중에서도 특히 재미와 관련이 있는데, 재미는 즐거움을 불러일으키는 것으로 정의되며, 게임과 관련해서는 특히 '놀라움'을 수반하는 것으로 알려져 있다. 그러하기에 게임은 '재미에 의해 유발되는 즐거움을 목적으로 수행되는, 특정한 형태의 놀이'로 정의되기도 한다.

---

3) 양기민, 2019.

그렇다면 게임은 어떠한 원리에서 수행되는가? 사람들은 게임하는 과정에서 각종 서사와 스토리를 경험하게 되는데, 이러한 것이 게임을 지속하게 하는 힘, 즐거움을 준다. 즉, 게임의 동력 또는 에너지는 즐거움이며, 이러한 즐거움은 '쾌락의 원리pleasure principle'4)에 따라 수행되는 것으로 본다.5) 물론, 게임을 하지 않는다고 죽지는 않는다. 그래서 게임은 밥을 먹거나 물을 마시는 것과는 다른 문화적 차원의 **'욕망'**으로 보는 것이 타당하다.

이러한 게임이 주는 즐거움은 두 가지로 구분되기도 한다. 첫째는 일반적 의미의 즐거움으로 우리가 사는 이 세계의 법, 언어, 제도, 규범, 이성 등과 같은 틀 안에서 누리는 안락하고 쾌적한 즐거움이고, 둘째는 이러한 쾌적함과 안락함에서 벗어나 **과도한 삶excess of life의 지경에 들어가거나 쾌락의 원리를 넘어서 향유하는 즐거움으로**, 자크 라캉Jacques Lacan은 이러한 특별한 의미의 즐거움을 '주이상스jouissance'6)라고 하였다.

한편, 오이겐 핑크Eugen Fink는 다른 철학자들과 달리 놀이를 삶에 실존하는 것으로 보았다. 그는 놀이가 인간의 실존 범주인

---

4) 즉각적인 만족과 쾌감을 추구하며, 불쾌감이나 고통을 피하고자 하는 심리적 기능이 작동하는 원리. 지식백과.
5) 박근서, 2019.
6) 롤랑 바르트는 통상의 즐거움을 '플레지르plaisir'라 부르고 이에 대비되는 규범 밖의 즐거움을 주이상스라고 불렀다(롤랑 바르트 저/김명복 역, 1990, p21).

죽음, 노동, 지배, 사랑과 같은 무게를 지닌다고 생각하고, 재미·의미·공동체·규칙·도구로서 작동하고 있다고 보았다. 그리고 사막의 오아시스가 생존에 필수적이듯 놀이를 통해 얻는 잠깐의 행복한 시간이 인간에게는 필수적이라는 뜻에서, 그는 놀이가 가져오는 감정을 **'행복의 오아시스'**로 표현하기도 했다.

핑크는 "우리는 진지함을 놀이하며, 진정성을 놀이하며, 현실성을 놀이한다. 우리는 노동과 투쟁을 놀이하며, 사랑과 죽음을 놀이한다. 심지어 우리는 놀이조차 놀이한다."라고 놀이의 중요성을 언급하였는데, 이는 놀이가 단지 재미를 추구하는 활동이 아니라 노동과 통합되거나 실제 우리의 삶 안에서 강력한 영향을 미칠 수 있는 중요한 활동이자 규율이 될 수 있음을 시사한다. **놀이는 삶의 의미이자 목적을 넘어 이제는 살아가는 것 자체가 되어가고 있다.**[7]

1980년대 전자오락실에서 폭발적인 인기를 끌었던 '갤러그'나 '제비우스'에서부터 시작해서 PC방에서 친구들끼리 어울려 함께 하는 '스타크래프트'의 출현은 이미 게임이 소수의 놀이문화가 아닌 다수의 대중이 인정하는 보편적 오락으로 자리 잡았음을 말해준다.

---

7) 양기민, 2019.

오늘날 게임을 하지 않는 사람을 찾아보기 어려울 만큼 게임은 현대적 삶의 일부가 되었다. 문화관광부가 발표한 <2020 게임 이용자 실태조사 보고서>에 따르면 10~65세 국민의 게임 이용률은 70.5%일 정도이며, 그만큼 게임은 우리의 삶에서 많은 비중을 차지하고 있다. 그중 모바일 게임 이용률이 91.1%로 가장 높다. 즐거움을 위해 게임을 하지만 즐거움이 아닌 고된 노동으로 느껴지는 경우도 늘어만 간다. 게임을 통해 돈을 버는 것도 더는 놀랄 일이 아니다.

그렇다면 무엇 때문에 게임에 몰입하는가? 게임에서 얻을 수 있는 기대 효과는 무엇일까?

그것은 단순하게 두 가지로 표현할 수 있는데, 하나는 일상의 일로부터 벗어나 자유를 누리는 데서 오는 즐거움과 행복감이며, 다른 하나는 게임을 잘 수행함으로써 얻는 성취감이나 그 과정에서 얻어지는 고양감이라고 할 수 있다.

# 2. 카지노 게임에 대한 사회적 인식

## 1) '경제적 가치' 혹은 '사회악'의 이분법적 틀로 인식

카지노를 긍정적으로 생각하는 사람들은 카지노가 맹목적으로 돈을 벌기 위해 도박을 하는 곳이 아닌 이용자를 즐겁게 하고 지루한 일상에서 벗어나 생활의 활력소를 주는 곳이라고 말한다.

어떤 이는 훔친 사과가 맛있는 것처럼, 카지노는 이미 결혼한 사람이 또 다른 누군가와 사랑에 빠지는 것보다도 더 달콤하고 매혹적인 것이라고 표현한다. 그만큼 카지노는 행복감을 주며 몰입을 유발하게 한다는 것이다. 어찌 보면 게임에 몰입하게 하는 것은 그만큼 그 게임이 잘 만들어졌다는 것을 의미한다.

카지노 게임을 즐긴다는 것은 게임 안에 존재하는 다양한 서사와 스토리를 경험하는 것이다. 짧은 시간이지만 카지노는 인생의 우여곡절을 모두 경험할 수 있게 하는 게임이다. 수백 년이 넘도록 살아남았다는 사실만으로도 이미 게임으로서 카지노의 상품 가치는 입증된 셈이다.

한편, 게임을 하면서 느낄 수 있는 다양한 감정과 상황인 '재미', '몰입', '짜릿함'을 넘어 그러한 쾌감을 느끼기 위해 더 열심히, 무의식적으로 반복하는 행위를 '중독 현상'으로 표현한다. 카지노로 인한 중독의 피해는 여러 가지로 나타난다. 카지노 외에는 모든 것을 소홀히 하면서 나타나는 각종 부작용인데, 제일 먼저 나타나는 것은 재정적인 문제이다. 게임을 지속함으로써 게임에 소요되는 자금을 마련하기 위한 각종 재정적 손실 문제를 겪게 된다. 그리고 재정적인 문제와 연결되어 직업을 그만두거나 폭력, 이혼 등 가정적인 문제도 발생하게 된다.

물론, 카지노에는 일반적으로 우리가 우려하는 폭력성도, 청소년들에게 유해한 음란성도 없다. 카지노에는 알코올 성분도, 니코틴 성분도, 프로폴리스 성분도 들어있지 않다. 그럼에도 불구하고 많은 사람은 카지노를 위험한 것으로 취급한다. 마치 카지노를 '사회악'으로 생각하고 있는 듯하다.

우리 사회에서 카지노 게임에 관한 시각은 고용 창출, 외화 획득 등 '산업적 차원'에서 육성해야 한다는 시각과 각종 부조리 야기 등 '사회악'으로서 규제해야 한다는 시각이 팽팽하게 양분되어 있다. 하나의 정부 내에서도 관광을 통한 경제 활성화를 강조하는 부처가 있고, 카지노의 중독성과 피해에 주목하여 감독 및 규제를 하는 부처가 있다.

일반 대중에게 카지노는 아직 여가로 즐기는 건전한 놀이가 아닌 도박으로 인식되어 있다. 그저 한탕주의식으로 돈을 벌기 위해 가는 곳, 또는 인생 막장에 다다를 때 가는 곳으로 인식되고 있는 듯하다.

국내에 내국인이 입장할 수 있는 카지노가 도입된 이후, 카지노는 부정적인 사건·사고와 연관하여 보도되어 왔다. 언론 미디어는 카지노가 부정적인 사건·사고의 원인이라는 시각에서 크게 벗어난 적이 없으며, 나아가 적극적으로 카지노를 '규제' 해야 한다는 시각에서 접근해 왔다. 결과적으로 카지노는 중독, 재산 탕진, 이혼, 폭력, 절도 등 범죄와 쌍을 이루었고, 사치스러운 것, 부도덕한 것, 비윤리적인 것 등의 단어와 연관되었다.

외국 게임이라는 이질적인 문화가 국내 강원도 산골의 고립된 마을에 도입되어 적응해 가는 과정에서 나타나는 명현반응[8] 정도로 이해해 주는 사람들은 그 어디에서도 찾아볼 수 없었다. 산골 마을에 마치 대규모 자본이 들어와 부동산 개발이 한창일 때처럼 자본이 넘쳐 나는 카지노에 대한 시기와 질투심으로 그

---

8) 장기간에 걸쳐 나빠진 건강이 호전되면서 나타나는 일시적 반응. 근본적인 치료가 이루어지는 징후로 이 반응이 강할수록 치료 효과가 높아진다. 국어사전.

저 한 건 터트려 여론의 주목을 받기 위한 경쟁적 보도가 넘쳐 난 게 아닌가 하는 생각마저 든다.

카지노에 빠지는 이들의 인생에 애초에 어떤 문제가 있었는가 에 관심을 기울이기보다는, 모든 것을 카지노 자체로 인해서 발생 하는, 즉 카지노가 부정적 현상의 근본 원인인 것처럼 단정 짓는 경향이 있었다.

왜 사람들이 카지노를 찾는지, 그들은 삶에서 어떠한 스트레 스를 대면하는지, 그들이 일상의 괴로움에서 벗어나려고 하는 원인으로서 어떠한 문제가 있는지를 생각하기보다는, 카지노를 찾는 개인은 사치스럽고 비도덕적이고 비윤리적인 행태를 가지 고 있는 사람이라는 굴레를 덮어씌운다. 그리하여 하나의 커다 란 사건이 있을 때마다 카지노를 이용하는 고객의 플레이를 제 한하는 규제 위주의 정책이 수행될 수밖에 없었고, 그에 따라 일반 대중에게는 카지노에 대한 이미지가 더 부정적으로 고착 화될 수밖에 없었다.

이러한 상황에서 카지노가 가지고 있는 유희적 가치(즐거움, 재 미, 기쁨 등)는 아예 언급조차 하지 못하고 사라지게 되었다. 다만 폐광지역 경제 활성화, 고용 창출, 사회 공헌 활동, 각종 세금과 기금 납부 등 공공 부문에 대한 기여를 실현할 경우에만 그 기업의 가치를 긍정적으로 인정하였다. 그로 인해 카지노의 이미지가 '경제적 가치' 아니면 '사회악'으로, 이분법적으로 굳어지게 된 것이 아니었을까 생각한다.

## 2) 새로운 가치에 주목해야 한다

카지노 기업의 존재 가치는 무엇인가? 내국인 카지노는 폐광지역의 경제를 활성화하기 위해 설립되었다. 카지노가 생기고 나서 그동안 음성적으로 이뤄졌던 농어촌의 수많은 도박 사건이 줄어들었다. 해외로 빠져나가는 원정 도박을 방지하는 역할도 어느 정도 수행하고 있다. 여가와 레저로 게임을 즐기는 사람들에게 돈을 벌어 그 수익금으로 기금과 각종 세금을 납부함으로써 돈이 국민 다수를 위해 쓰이도록 하는 선순환 효과도 있다.

한편, 카지노를 이용하는 사람들의 가치는 무엇인가? 그분들은 개인적으로 레저와 여가를 즐기는 행복한 사람들이다. 그분들은 게임이란 행위를 통해 기업이 살아갈 수 있는 수익금을 제공해 주며, 그 수익금으로 정부에 기금과 세금을 직접 납부해 주는 납세자로서의 역할을 담당한다. 그 수익금은 기업을 살리고 폐광지역에 활기를 불어넣어 준다. 그리고 기금과 세금은 전국 방방곡곡에 쓰인다. 따라서 그분들이 하는 소비 행위는 단순히 음지에서 본인을 위해 유흥비로 탕진하는 부정적 소비 행태가 아닌, 양지에서 선량한 국민을 위하는 가치 있는 착한 소비 행태로 인정받아야 한다.

게임의 대중화 시대를 맞아 전 세계에서 가장 인기 있는 카지노 게임의 유희적 가치에 더 주목해야 한다. 게이머는 카지노 게임을 가지고 놀고 즐기는 주체로서 정당하게 존중받아야 한다. 카지노에 중독되면 나타나는 부작용의 결과를 미리 짐작하여 그들을 사회악으로 낮게 평가해서는 안 된다. 지역사회도 마찬가지다. 게이머들이 지역에 와서 먹고 자고 쓰는 소비 활동으로 지역 경기가 이뤄지고 있고, 생활에 보탬이 된다는 것을 새롭게 인식해야 한다.

최근 카지노 복합리조트에서는 낮에는 컨벤션에서 비즈니스를 하고, 저녁에는 외식을 하며, 야간에는 카지노를 즐기는 등, 편안하고 쾌적한 공간에서 휴식하며 쇼핑도 하는 총체적인 즐거움의 장소로 부각되고 있다. 복합리조트는 카지노 업계가 추구하는 사업 영역의 궁극적 목표로 자리 잡고 있다.

도심형 복합리조트와는 달리 산악형 리조트는 백두대간의 자연 속에서 신선한 공기를 마시며, 스포츠를 즐기고, 숲속 야생화의 아름다움에 흠뻑 빠져도 보고, 오순도순 오솔길을 걸으며 가족과 함께 행복한 추억을 쌓을 수 있는 곳이다. 일상의 찌든 때를 말끔히 벗어 버리고 잠깐의 휴식과 오락으로서 가족과 함께 카지노를 즐길 수 있다면, 카지노는 행복에 도움이 되는 촉매제로서 충분히 작용할 수 있을 것이다.

사회적으로 행복한 사람들은 중독에 영향을 덜 받는다는 연구가 있다. 삶에 만족하기 때문에 굳이 게임에 완전 몰입할 이유가 적기 때문이다. 도박 중독 유병률이 높다는 것은 어찌 보면 현실의 삶이 그다지 행복하지 않다는 것의 반증이다. 유병률이 높다고 더 규제해야 한다는 생각에서 벗어날 필요가 있다. 왜 유병률이 높은지, 그 이면에 어떠한 사회적 원인과 문제가 있는지를 한 단계 더 깊이 들어가서 살펴보아야 한다.

놀 것, 즐길 것, 먹을 것, 마실 것 등 일상에서 행복하게 즐길 수 있는 다양한 것이 존재한다면 자연히 카지노 하나에 목숨 거는 사람은 줄어들 수 있다. '경제적 가치' 아니면 '사회악'이라는 이분법적인 틀을 벗어나, 카지노가 제공하는 인간의 유희 본능의 만족이나 여가 경험에 집중하고, 규제 일변도가 아닌 개인의 행복도를 높이는 데 초점을 맞추어야 하지 않을까.

# 3. 카지노 업(業)의 개념
## :극적인 스토리를 경험하는 곳

### 1) 따고 잃는 극적이고 짜릿한 스릴을 맛볼 수 있는 스토리를 제공해 주는 곳이다

카지노장은 다른 어느 놀이나 게임장과 다르다. 우리 생활 주변에서 스포츠로 즐길 수 있는 곳은 탁구장·당구장·스크린골프장 등이 있고, 유흥을 위해 즐길 수 있는 곳은 노래방·단란주점·클럽 등이 있다. 이들 장소는 돈을 지불하고 사용할 수 있는 곳이다. 그러나 합법적인 성인용 게임으로 운적인 것과 결합되어 돈을 벌면서 게임을 즐길 수 있는 곳은 카지노뿐이다.

카지노 게임장은 호이징하가 놀이 공간의 예외적 성격을 강조하기 위해 주장한 "매직 서클magic circle"과도 같다. 그가 제시한 매직 서클은 일상과 분리된 마법의 공간인데, 카지노 게임장은 이 경계 안에서 새로운 질서를 확립하고 참여자들에게 특정한 행위를 유도하며 색다른 경험과 의미를 생성해 주는 가능성을 지닌 곳으로 정의할 수 있다.

앞장에서 카지노가 지닌 유희적 가치에 주목할 필요성이 있다고 언급한 바 있다. 운적인 요소가 있는 카지노에는 극적인 서사와 스토리가 존재한다. 따라서 카지노가 가지는 부정적인 효과를 감소시키기 위해 사용되어진, "카지노는 여가로서의 오락이다. 건전한 레저다."라는 그동안의 표현들은 업의 특성에 맞게 더 적극적인 표현으로 새롭게 바뀔 필요가 있다.

예컨대 '롤러코스터보다 더 짜릿한 스릴을 맛볼 수 있는 곳, 극적인 인생 경험을 맛볼 수 있는 마법의 장소와도 같은 곳'으로 카지노를 재정의할 필요가 있다.

미국식 마케팅 관점에서 바라볼 때, 카지노는 돈 주고 게임하는 장소이다. 카지노를 찾는 고객은 게임을 경험하러 간다. 공급자인 카지노 회사는 다양한 스타일의 고객을 만족시키기 위해서 손님들이 즐길 수 있는 최적의 환경을 만들어 주는 것이 중요하다. 그것이 사회적 통념상 사치성을 가지고 있다고 하여도, 업의 본질상 개인의 놀이 본능과 개인의 행복을 만족시켜 줄 수 있어야 한다.

고객은 게임에 있어서 재미와 스릴, 짜릿함을 더 느끼고 경험하고 싶어 한다. 그 느낌과 경험의 정도는 개인마다 다르다. 그러나 자본주의 사회에서는 돈을 쓰는 만큼 그 만족의 정도와 느껌의 크기가 다를 수 있어야 한다. 모든 사람이 다 같은 수준으로 건전하게 게임 활동을 하도록 획일적으로 규제해서는 안 되는 이유이다.

인간의 놀이 능력과 본능은 먹고 자는 것처럼 자연적인 생리현상으로 이해해야 한다. 그러므로 게임을 허용할 것인가, 말 것인가를 따지기보다는, 더 진보된 관점에서 '어떻게 재미있게 게임하게 할 것인지'를 사유하는 것이 필요하다.

# 2

♥♠♦♣

## 카지노

## 게임이란?

# 1. 게임의 원리와 이론

## 1) 수학적 확률과 경험적 확률은 차이$^{gap}$가 있다

카지노 게임은 1854년 수학자 파스칼이 확률 이론을 정립하면서 공식화되었다고 보고 있다. 수학자가 정확히 증명해내기 전까지 게임은 그저 운 좋은 사람이 이기는 것이라는, 운에 맡기는 행위로 간주되었을 것이다.

**확률이란 하나의 사건이 일어날 수 있는 주관적 확신의 정도를 나타낸 것**으로, 한 시행을 같은 조건에서 독립적으로 반복할 때 전체 횟수에 대하여 그 사건이 일어날 것으로 예측되는 횟수의 백분율로 나타낸다. 확률은 이론적(수학적)인 것과 경험적(통계적)인 것으로 구분할 수 있다. 동전을 던져서 앞면이 나올 수학적(이론적) 확률은 정확히 1/2, 즉 50%이다. 그러나 실제(경험적)로 동전을 여러 번 던지면 이론적 확률과 차이가 발생한다. 실제 500원짜리 동전 던지기 실험을 예를 들어보자.

<실제 동전을 던진 실험 결과>[*]

| 횟수 | 1 | 2 | 3 | 4 | 5 | 6 | 7 | 8 | 9 | 10 | 11 | 12 | 13 | 14 | 15 |
|---|---|---|---|---|---|---|---|---|---|---|---|---|---|---|---|
| 결과 | - | + | + | + | + | + | + | + | - | - | + | + | - | + | + |

| 횟수 | 16 | 17 | 18 | 19 | 20 | 21 | 22 | 23 | 24 | 25 | 26 | 27 | 28 | 29 | 30 |
|---|---|---|---|---|---|---|---|---|---|---|---|---|---|---|---|
| 결과 | + | - | - | + | + | + | - | + | + | + | + | + | - | - | - |

* +: 동전의 앞면, 숫자, -: 동전의 뒷면, 그림. 시험 일시: 2020년 9월 5일 17시 45분.

<실험 결과 요약>

| 구분 | 앞면 | 뒷면 | 차이 |
|---|---|---|---|
| 던진 횟수(30회) | 20회 | 10회 | 10회 |
| 횟수 패턴 | 7→2→6→3→3→5 | 1→2→1→2→1→3 | |
| 비율 | 66.7% | 33.3% | 33.4% |

　　총 30회를 던졌을 때 앞면은 20회(66.7%), 뒷면은 10회(33.3%)의 비율로 결괏값이 나타났다. 앞면 20회 중 횟수의 패턴은 연속 7번이 가장 큰 숫자이며, 주로 3회 이상 연속되는 패턴을 보였다. 상대적으로 뒷면은 연속되는 패턴은 1회→2회→1회→2회→1회→3회로 횟수의 편차가 크지 않았다.

　　두 번째 동전 던지기 결과는 앞면이었다. 첫 번째 뒷면이 나왔기 때문에 아마도 쉽게 맞출 수도 있었을 것이다. 그런데 세 번째 동전 던지기에서 내기를 한다면 어디에 베팅할 것인가? (뒷면 아니면 앞면)

| 횟수 | 1 | 2 | 3 | 4 | 5 | 6 | 7 | 8 | 9 | 10 | 11 | 12 | 13 | 14 | 15 |
|------|---|---|---|---|---|---|---|---|---|----|----|----|----|----|----|
| 결과 | - | + | ? |   |   |   |   |   |   |    |    |    |    |    |    |

대부분 사람은 뒷면에 걸었을 것이다. 왜냐하면 좀 전에 +(앞면)이 나왔기 때문이다. 그런데 실제로는 +(앞면)이 나왔다.

| 횟수 | 1 | 2 | 3 | 4 | 5 | 6 | 7 | 8 | 9 | 10 | 11 | 12 | 13 | 14 | 15 |
|------|---|---|---|---|---|---|---|---|---|----|----|----|----|----|----|
| 결과 | - | + | + | ? |   |   |   |   |   |    |    |    |    |    |    |

네 번째에는 어디에 베팅할 것인가? 좀 전까지 앞면이 세 번 나왔으므로 이번에는 -(뒷면)에 베팅할 사람들이 더 많을 것이다.

| 횟수 | 1 | 2 | 3 | 4 | 5 | 6 | 7 | 8 | 9 | 10 | 11 | 12 | 13 | 14 | 15 |
|------|---|---|---|---|---|---|---|---|---|----|----|----|----|----|----|
| 결과 | - | + | + | + | + | + | + | + | - |    |    |    |    |    |    |

그러나 예상과는 달리 또 +(앞면)이 나왔다. 결국 여덟 번째까지 앞면(+)이 연속해서 나왔다. 2번째부터 8번째까지 연속으로 일곱 번 앞면(+)이 나온 것이다.

내기의 결과는 어떻게 되었을까. 앞면(+)에 건 사람은 돈을 많이 벌었을 것이고, 뒷면(-)에 건 사람은 많이 잃었을 것이다.

자금이 조금밖에 없었다면 뒷면에 베팅한 사람은 벌써 파산했을 것이다. 만약 자금이 많아서 게임을 지속할 수 있다고 하더라도, 베팅금이 제한되어 있었다면 앞으로 여러 번을 계속해서 이겨야만 잃어버린 금액을 회복할 수 있을 것이다. 이 같은 결과는 동전 던지기의 확률이 수학적으로 정확히 1/2이지만, 실제 결괏값은 이론적 확률과 다르게 나타날 수 있다는 것을 의미한다. 이러한 것이 게임의 원리에 적용되는 확률의 차이 개념이다.

## 2) 대수의 법칙<sup>Law of Large Numbers</sup>

1713년 스위스의 수학자이자 화학자인 야곱 베르누이<sup>Jakob Bernoulli</sup>는 '공정한 동전'이라는 특별한 사례에서 수학적 확률과 경험적 확률의 차이는 여러 번 횟수를 증가시키면 0에 가까워진다는 '**대수의 법칙**<sup>Law of Large Numbers</sup>'을 발견하였다. 시행이 많을수록, 샘플의 크기가 클수록, 정확한 확률값에 가까워지는 경향이 커진다는 것이다. 즉, **경험적 확률이 수학적(이론적) 확률에 근접한다**는 것이다.

예를 들어 동전을 던졌을 때 앞면과 뒷면이 나올 확률은 각각 1/2이다. 동전을 단순히 몇 번 던졌을 때 앞면이 나올 확률은 1/2보다 크거나 작을 수 있지만, 여러 번(시행 횟수의 증가) 던졌을 때 그 확률은 점점 1/2(50%)에 수렴하게 된다.

〈동전 던지기 모의실험 결과〉[9]

| 던진 횟수 | 앞면 수 | 뒷면 수 | 앞면 비율(%) | 뒷면 비율(%) |
|---|---|---|---|---|
| 10 | 6 | 4 | 60.00 | 40.00 |
| 50 | 23 | 27 | 46.00 | 54.00 |
| 100 | 51 | 49 | 51.00 | 49.00 |
| 500 | 237 | 263 | 47.40 | 52.60 |
| 1,000 | 514 | 486 | 51.40 | 48.60 |
| 5,000 | 2,496 | 2,504 | 49.92 | 50.08 |
| 10,000 | 5,017 | 4,983 | 50.17 | 49.83 |
| 50,000 | 25,103 | 24,897 | 50.21 | 49.79 |

여기서 중요한 점은 동전을 던질 때 앞면이 나올 확률은 언제나 1/2이라는 것이다. 동전은 과거를 기억하지 않는다. 즉, 대수의 법칙은 매번 시행되는 사건이 1/2이라는 확률을 향해 균형을 맞추어 가는 것이 아니다. 다만 **과거의 사건에 새로운 데이터를 추가함으로써 이미 벌어진 일을 희석하는 것**으로 해석해야 할 수도 있다. 왜냐하면 대수의 법칙에 따라 경험적 확률과 수학적 확률이 일치하는 경향이 있다고 할지라도, 그 안에 어떠한 극적인 시나리오가 포함되어 있는지는 알 수 없기 때문이다. 동전 던지기의 수많은 패턴이 어느 시점에 어떻게 발생할지는 누구도 예측할 수 없다.

---

9) <의사결정과 선택에 대한 확신을 찾아서: 큰 수의 법칙과 정규분포>, 2019.10.2.5.
   https://blog.naver.com/wei-jung/221688233069

우리는 그것을 보통 운이라 한다. 인간의 능력은 1초 뒤 어떤 카드가 나올지, 동전의 앞면이 나올지 뒷면이 나올지 알 수 없다. 다만 추측할 뿐이다. 그래서 게임은 운적인 요소에 맡기고 결과를 추측하는 것이라고 말하는 것이다.

## 3) 도박사의 오류<sup>Gambler's fallacy</sup>와 뜨거운 손 오류<sup>Hot-hand fallacy</sup>

1913년 모나코 몬테카를로 어느 카지노의 룰렛 게임에서 스무 번 연속 검은색 숫자가 나왔다. 그러자 게이머들은 이제 붉은색 숫자가 나올 것이라고 확신했고, 많은 사람이 붉은색에 돈을 걸었다. 그러나 예상과는 다르게 구슬은 스물여섯 번째까지 검은색 숫자가 나왔다. 많은 게이머가 돈을 잃은 이 사건에서 '몬테카를로의 오류<sup>Monte Carlo fallacy</sup>'라는 말이 생겨났는데, 이를 도박사의 오류라고도 불렀다.[10]

게임하는 사람의 대부분은 나름 자신만의 사고방식으로 이번 게임에 어떤 결과가 나올 것이라는 전제(착각 혹은 확신)를 가지고 게임에 참여한다. 그것이 이론적(수학적) 확률이든지 아니면 조금 전까지 나타난 결과의 패턴이든지 무엇인가에 근거하여 확신을 가지고 베팅을 한다.

---

10) 도박사의 오류(Gambler's Fallacy; Monte Carlo Fallacy). 나무위키.

연이은 짝수 뒤에는 홀수를, 연이은 홀수 뒤에는 짝수를 확신하는 것과 같은 이치로, 일종의 보상 심리 혹은 반대 심리라고도 할 수 있다. '이만큼 짝수가 나왔으니 다음 판에는 반드시 홀수가 나오겠지.'라고 해석하는 것이다. 그러나 몬테카를로의 룰렛 게임처럼, 실제 결과는 이론적 승률과 완전히 동떨어져 전혀 엉뚱하게 나타날 수 있다.

이처럼 서로 영향을 끼치지 않는 독립적인 일련의 확률적 사건에서 상관관계를 찾아내려고 하는 도박사의 오류는 수많은 게이머의 돈을 긁어내어 카지노의 부를 불려준 인간 심리의 오류이자, 카지노 회사의 입장에서는 절대 은인이라고 할 수 있는 인간의 판단 착오 개념이다.

카지노 게임은 오랜 시간 수십만 번 아니 수십조 번의 경우의 수를 가지고, 장기적인 경험적 확률을 가지고 만들어진 게임이다. 한 방울의 낙숫물이 천년의 세월을 흐르면 바위를 뚫을 수 있는 것처럼, 조금의 유리한 확률로 유수한 세월을 반복하여 게임을 하게 되면 플레이어는 가난해지고 카지노 회사는 부자가 된다. 현재의 라스베이거스, 마카오의 화려한 건물과 경제적 부유함은 돈을 딸 수 있다는 확신을 지니고 게임에 참여한 도박사들의 오류에 의해 만들어진 것이다.

'도박사의 오류'의 반대 개념으로 스포츠나 도박에서 한 번 성과를 본 사람이 다음에도 계속 성공하리라고 믿는 것을 가리키는 '뜨거운 손 오류Hot-hand fallacy'가 있다. 심리적으로 연속적인 성공을 기억하는 편이 성공과 실패의 조합을 번갈아 기억하는 것보다 상대적으로 수월하기 때문에 이런 오류가 발생한다. 예를 들어 이전 타석에서 안타를 친 타자가 다음 타석에서도 안타를 칠 것으로 기대하는 경향, 이전에 우승한 골프 선수가 이번에도 우승할 가능성이 높다고 생각하는 경향 등이 있다.

그렇다면 과연 어느 것이 더 타당한 이론인가? 이러한 오류에 대해 비교적 최근 연구를 통해 피터 에이튼Peter Ayton과 일란 피셔ilan Fischer라는 두 명의 심리학자는 매우 설득력 있는 대답을 해주고 있다.11) 이들의 연구에 의하면, 동일한 현상을 관찰하더라도 그 현상을 인간의 힘으로 어찌해볼 도리가 없는 자연법칙에 근거하여 발생하는 것으로 보면 도박사의 오류가 일어날 가능성이 높은 반면에, 동일한 현상이라도 이 현상이 일어나는 분야가 인간의 의지가 영향을 미칠 수 있는 여지가 많다고 생각하면 뜨거운 손 오류가 더 많이 일어난다. 동일한 사건을 보더라도 그 사건을 보는 나의 관점에 따라 다음에 일어날 일에 대한 예측이 달라질 수 있다는 것이다.

---

11) Ayton, P. and Fischer, I, 2004, pp.1369-1378.

따라서 나의 관점이 어디에 더 가까운지를 파악하고 이로 인해 내가 어떤 오류에 더 쉽게 빠질 수 있느냐를 생각해 본 다음에 베팅할 필요가 있다.

동양은 서양에 비해 순환적인 세계관 혹은 우주관을 지니고 있다. 즉 올라가면 내려가고 왼쪽으로 가면 오른쪽으로 가는 것이 인생이고 세상이라는 것이다. 세상사는 내 의지대로 움직이기보다는 나 아닌 더 큰 힘에 의해 움직여지며, 나는 그 세상의 일부라는 생각이 서양인보다 더 강하다는 것이 문화 심리와 관련된 연구자들의 일반적인 설명이다. 이에 기초하여 동일한 상황에서 동양인이 도박사의 오류를, 서양인이 뜨거운 손 오류를 범할 가능성이 상대적으로 더 높다.[12]

그러나 도박사의 오류 이야기는 도박을 시도할 때 각각의 게임의 확률이 이전의 결과와 무관하다는 의미일 뿐, 시도 횟수가 전체 도박의 결과에 영향을 미치지 않는다는 의미는 아니라는 점에 주목할 필요가 있다.

예를 들어 1/100의 당첨률을 가진 뽑기를 100번 뽑는다면 당첨 확률은 어떻게 될까? $1-(99/100)^{100}=0.63396765873$이 되므로 대략 63.3%의 확률로 1번은 뽑힐 거라 기대할 수 있다.

---

12) <생활 속의 심리학, 도박사의 오류와 뜨거운 손 오류>, NAVER 지식백과, 2012.03.05. 김경일 자료 제공 참조.

도박사의 오류에서는 '백 번째 뽑기', 즉 1회 시행의 확률을 묻는 것이고, 위의 질문은 백 번을 뽑을 때, 그 결과의 확률을 묻는 것이다.

## 4) 도박꾼의 파산<sup>gambler's ruin</sup>

도박사의 오류는 독립적 확률 개념에 대한 논리적 오류를 의미하는 것이다. 이에 비해 도박꾼의 파산은 확률론에 나오는 정리이며, 자본이 유한한 사람이 먼저 파산하게 된다는 것을 의미하는 것으로서 도박사의 오류와는 분명히 다르다. 이 이론은 1656년 파스칼이 세 개의 주사위를 가지고 게임을 하는 경우에 이길 수 있는 확률은 어떻게 되는지를 연구하는 과정에서 시작하였다고 한다.

A와 B 두 사람이 있다고 하자. A는 일정한 자본을 가지고 있고, B는 무한한 자본을 가지고 있다. A가 승리할 확률이 1/2보다 같거나 작을 때, 즉 유한한 자산을 가지고 일련의 공평한 도박을 하는 도박꾼은 거의 확실하게 자산이 0이 되어 파산하게 된다는 정리이다.

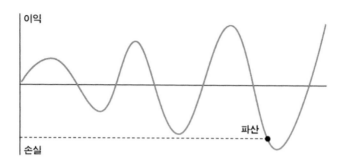

〈도박꾼의 파산 그래프〉13)

불공평한 확률에서 둘 중 하나는 거의 확실하게 파산하고, 자본이 많을 경우 이길 확률(p)>1/2인 경우에는 파산할 확률이 유한하고, (p)≤1/2인 경우에는 거의 확실하게 파산하게 된다. 확률이 50%로 서로 같다고 하더라도 도박꾼은 거의 확실하게 파산한다는 것이다. 계속할 수 있는 자본이 유한하기 때문이다.

하지만 여기서 주목할 것은 도박꾼의 파산은 A가 B의 자본을 모두 딸 때까지 혹은 잃을 때까지 계속한다고 가정할 경우의 이야기이고, A가 잃을 만큼의 돈과 딸 만큼의 목표 금액을 미리 정해 둔다면 결과가 다를 수 있다.

---

13) 최성락, 2019, p.60, 인터넷 이미지 수정.

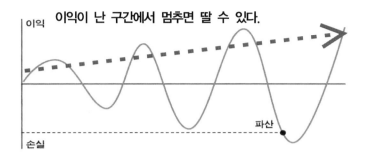

〈게이머의 승리 그래프〉

특별히 운이 나쁜 경우나 기초 자금이 매우 적어 한두 번으로 게임이 끝나는 경우가 아니라면, 카지노에서 확률 50%라는 것은 일방적으로 지는 것이 아니라 이기다가 지다가를 반복한다는 것을 의미한다. 목표 금액을 정해놓고 이익이 실현되었을 때 일어선다면 위의 그래프처럼 돈을 딸 수 있는 구간이 분명히 존재하는 것이다.

# 2. 카지노에서 돈 따는 최적의 베팅 방법

## 1) 마틴게일<sup>Martingale</sup> 전략(더블 베팅법)

마틴게일 전략이란 중세 유럽의 카지노에서부터 내려오는 카지노 베팅 방법으로, 손실을 입을 때마다 베팅금을 두 배씩 늘려가는 전략이다. 즉 손실이 난후에 손실액의 두 배를 다시 베팅하는 방식으로 이길 때까지 베팅하는 방법이다. 횟수를 거듭할수록 많은 금액을 베팅해야 하는 부담감을 감수해야 하는 단점에도 불구하고, 확률 50%의 게임에서 이 베팅 방법으로 이길 때까지 횟수를 무한 반복할 수 있다면 처음 건 돈(+1) 만큼의 금액은 확실하게 딸 수 있도록 보장해 주는 방법이다.

| 마틴게일 베팅 방법 | | | | | | | | | | 손실액 | 이익액 |
|---|---|---|---|---|---|---|---|---|---|---|---|
| 1 | | | | | | | | | | 0 | +1 |
| 1 | 2 | | | | | | | | | -1 | +1 |
| 1 | 2 | 4 | | | | | | | | -3 | +1 |
| 1 | 2 | 4 | 8 | | | | | | | -7 | +1 |
| 1 | 2 | 4 | 8 | 16 | | | | | | -15 | +1 |
| 1 | 2 | 4 | 8 | 16 | 32 | | | | | -31 | +1 |
| 1 | 2 | 4 | 8 | 16 | 32 | 64 | | | | -63 | +1 |
| 1 | 2 | 4 | 8 | 16 | 32 | 64 | 128 | | | -127 | +1 |
| 1 | 2 | 4 | 8 | 16 | 32 | 64 | 128 | 256 | | -255 | +1 |
| 1 | 2 | 4 | 8 | 16 | 32 | 64 | 128 | 256 | 512 | -511 | +1 |

* 50% 확률 게임에서 10번 계속해서 패배할 확률은 0.1%이다.

하지만 이러한 완벽한 전략에도 불구하고 수많은 사람이 카지노에서 파산하는 이유는 무엇일까?

첫 번째는 카지노 게임은 하우스 에지(이익) 만큼을 제하고 배당을 주는 구조로 되어 있으므로 승률이 50% 미만이다.

두 번째는 돈을 잃지 않으려면 반복해서 베팅할 수 있을 정도의 충분한 재화가 필요한데, 이용자의 재산은 현실적으로 한정되어 있기 마련이다. 1만 원으로 시작해서 열 번째까지 베팅하기 위해서는 512만 원이 있어야 한다. 초기 베팅금이 클수록 점점 더 큰 베팅금을 걸어야 한다.

세 번째는 실제 현실에서 카지노의 게임은 최대 베팅금의 한도가 정해져 있기 때문에 이용자가 더 베팅하고 싶더라도 이 방법을 사용할 수 없게 된다. 대부분 카지노에서는 10회 이상 걸지 못하도록 제한을 둔다.

한국에서 시행되는 베팅금 규제는 일정한 기준에 의해서 형성된 합리적인 규제라기보다는 사행성 산업에 대한 반대 논리를 약화시키기 위한 논리로서 도입되고, 게이머의 편의성에 의해서 각 게임을 구별하지 않고 모든 게임의 베팅 규제가 일정하게 형성되었다.[14] 그러나 무엇보다 중요한 것은 최대 베팅금이 낮을수록 고객이 돈을 딸 수 있는 확률은 낮아진다는 점이다. 즉, 고객에게 불리한 게임 환경이 만들어지는 것이다.

## 2) 오구리의 비법, 이기고 돌아갈 확률을 계산하라

캘리포니아공과대학 교수로 수리물리천문학부를 맡고 있는 오구리 히로시 교수는 『수학의 언어로 세상을 본다면』에서 '두 가지 일이 독자적으로 일어나는 확률은 각각의 확률의 곱'이라는 성질을 이용해서 게임에서 지지 않는 방법을 설명하고 있다.

동전에 특별한 성질이나 버릇이 없다면 앞면이나 뒷면이 나올 확률은 정확히 1/2이다. 어떤 버릇이 있을 경우를 감안하기 위해서 앞면이 나올 확률을 p, 뒷면이 나올 확률을 q라고 할 때, 동전에는 앞면과 뒷면밖에 없으므로 이 두 개의 확률에는 p+q=1이라는 관계가 성립된다.

앞면이 나오면 1원을 얻고 뒷면이 나오면 1원을 내주는 내기를 한다고 하자. 두 번 연속해서 던졌을 때 두 번 다 앞면이 나올 확률은 $p \times p = p^2$. 이것을 반복하면 n번 연속해서 던졌을 때 n번 모두 앞면이 될 확률은 $p^n$이 된다. **p는 1보다 작으므로 n이 커지면 $p^n$은 점점 작아진다.** 결국 연속해서 게임을 한다면 이길 수

---

14) 최성락, 2012, pp.261-278.

없다는 상식적인 결론에 도달한다.

오구리 교수는 이겨서 돌아갈 확률을 P(*m*, *N*)으로 표시한다. P는 영어로 확률을 의미하는 'Probability'의 첫머리 글자이고, m원으로 시작해서 N원이 될 확률을 의미한다. 이 확률을 계산하면 아래의 공식이 된다.

$$\text{이겨서 돌아갈 확률 } P(m,\ N) \quad = \quad \frac{1 - (q/p)^m}{1 - (q/p)^N}$$

가진 돈이 완전히 없어지고(0원) 파산해서 돌아갈 확률은 1-P(*m*, *N*)이다. 만약 P(10, 20)=1/2이라면, 10원을 가지고 게임장에 가면 가지고 간 돈을 두 배로 불려서 돌아올 확률과 파산할 확률이 반반(50%)이라는 의미이다.

만약 동전에 어떠한 성질이나 버릇이 있다고 가정하여 p=0.47, q=0.53이 된다고 하면, P(10, 20)≒0.23이 된다. 즉 가지고 간 돈을 두 배로 만들어서 돌아올 확률이 23%로 내려가 버리고, 파산할 확률은 77%로 올라간다. 동전의 뒷면이 나올 버릇을 3% 주었을 뿐인데 파산할 확률은 50%에서 77%로 현격히 올라가는 것이다.

판돈이 커지면 더 뚜렷해진다. 이를테면 50원을 100원으로 만들려면 P(50, 100)≒0.0025, 즉 이길 가망은 0.25%로 현저히 감소한다.

반대로 p>1/2일 때를 가정해 보자. p=0.53, q=0.47이라고 하고, P*(m, N)* 공식을 이용하면 P(50, 100)≒0.9975가 된다. p와 q의 값이 서로 바뀌므로 판돈을 배로 할 수 있는 확률과 파산할 확률도 역전된다. 50%보다 3% 더 유리할 뿐인데 50원을 100원으로 만들 수 있는 확률이 99.75%가 되는 것이다.

### 확률값 변동에 따른 이길 수 있는 승률 계산

p와 q의 값이 상호 바뀔 때는 판돈을 배로 불릴 수 있는 확률과 파산 확률도 역전된다는 것을 알았다. 불과 3% 유리할 뿐인데 50원을 100원으로 만들 수 있는 확률은 99.75%가 된다. 이정도라면 운이 엄청나게 나쁘지 않는 한 이길 수 있다.

실제로 확률에 따라 어떻게 변하는지 시나리오별로 성공 확률을 살펴보았다. 확률이 불리할 경우(p=0.47) 목표 금액을 100원에서 60원으로 낮추어 잡는다면 승률이 0.245%에서 30.024%로 올라가게 된다. 이것은 이길 수 있는 확률이 낮을 때는 목표 금액을 적게 잡아야 한다는 것을 의미한다.

반대로 확률이 유리한 경우(p=0.53)는 목표 금액을 100원에서 150원으로 높여도 승률은 99.754%에서 99.753%로 거의 낮아지지 않는다. 목표 수익을 더 높게 책정해도 충분하다는 것이다.

<확률에 따른 목표 금액 성공 확률 계산 도표>

○ p=0.47일 때 초기 금액 50원으로 100원을 벌 수 있는 확률: 0.245%

| P(50, **100**)<br>**p=0.47**, q=0.53 | $\dfrac{1-(0.53/0.47)^{50}}{1-(0.53/0.47)^{100}}$ = | $\dfrac{-405.3502986}{-165119.5652}$ |
|---|---|---|
| 성공 확률 | =0.00245488957 | |

○ p=0.47일 때 초기 금액 50원으로 60원을 벌 수 있는 확률: 30.024%

| P(50, **60**)<br>**p=0.47**, q=0.53 | $\dfrac{1-(0.53/0.47)^{50}}{1-(0.53/0.47)^{60}}$ = | $\dfrac{-405.3502986}{-1350.078864}$ |
|---|---|---|
| 성공 확률 | = 0.300241941 | |

- 성공 확률은 0.00245→0.30024로 급격히 상승한다.
(확률이 불리할 때는 목표 금액을 적게 잡아야 한다)

○ p=0.53일 때 초기 금액 50원으로 100원을 벌 수 있는 확률: 99.754%

| P(50, *100*) p=0.53, q=0.47 | $\dfrac{1-(0.47/0.53)^{50}}{1-(0.47/0.53)^{100}} = \dfrac{0.997539069}{0.999993944}$ |
|---|---|
| 성공 확률 | = 0.99754511 |

○ p=0.53일 때 초기 금액 50원으로 150원을 벌 수 있는 확률: 99.753%

| P(50, *150*) p=0.53, q=0.47 | $\dfrac{1-(0.47/0.53)^{50}}{1-(0.47/0.53)^{\wedge}150} = \dfrac{0.997539069}{0.999999985}$ |
|---|---|
| | = 0.997539084 |

- 성공 확률은 0.997545 → 0.997539로 아주 조금 떨어진다.
(확률이 유리할 때는 목표 금액을 높게 잡아도 된다)

P(*m, N*) 식은 여러 가지를 의미한다. 먼저 조금이라도 불리한 도박은 오래 해서는 안 된다는 것이다. 아주 조금만 불리해도 파산할 확률이 현격하게 높아지기 때문이다. 게임 종류별로 다르겠지만, 하우스 에지가 높은 게임은 횟수가 많아지거나 게임 금액이 클수록 결국 질 수 있는 확률도 높아지게 된다는 것이다.

반대로 카지노 게임에서 이기고 싶으면 p를 1/2보다 조금이라도 크게 만들면 된다. 미국에서는 카지노에서 블랙잭으로 이길 확률을 약 p=0.495로 설정하고 있지만, 카드를 기억해두면 p=0.51이 된다고 한다. 엄청나게 운이 나쁘지 않는 한 지지 않는다. 즉, 이런 종류의 게임에서 '아주 조금이라도 유리할 때 충분한 돈을 가지고 시작하면' 거의 확실하게 이긴다는 것이다. 이것이 오구리 교수의 필승법이다.

## 3) 켈리의 공식 Kelly's formula (찬스가 왔을 때 베팅금을 늘려라)

미국의 수학자 켈리가 1956년 우연히 도박 혹은 주식 투자를 할 때 얼마만큼의 자금을 투입해야 하는가에 관한 방정식을 도출하게 되는데, 이 방정식은 수익률의 변동성은 최소로 해주면서 동시에 파산을 방지하기 위해서 최적 투자 금액을 산정하는 기준을 제시해 주기 때문에 투자 이론의 주류가 되었다.

각 게임의 확률을 바탕으로 어떻게 베팅을 하면 수익을 극대화할 수 있을까. 게임 자체가 확실한 것이 아니라 확률에 의해 결정되는 것인 만큼 100% 돈을 벌 수 있는 방법을 제시해 줄 수는 없다. 그러나 게임의 확률이 50%에 근접할수록 따고 잃고를 반복하다 보면 결국 0에 수렴하게 되어 돈을 잃게 된다. 결국 돈을 따기 위해서는 항상 정액으로 베팅하는 것이 아니라 찬스가 왔을 때(확률이 높다고 인식할 때) 베팅금을 높이지 않으면 안된다. 이것을 켈리 kelly의 법칙, 혹은 켈리 공식이라고 한다.

$$F \ = \ \frac{bp \ - \ q}{b} \ = \ \frac{p(b+1) \ - \ 1}{b}$$

$F$ = 보유 자금 대비 베팅금의 비율
b = 순 배당률
p = 승리 확률
q = 패배 확률(1-p)

켈리의 공식이란 판돈이 1이라고 할 때 p=이길 확률, q=질 확률, b=이길 때 추가로 얻는 순이익으로, 베팅 규모는 (기대 순이익/이길 때 얻는 순이익)으로 베팅하라는 것이다.

정보가 확실하거나 승률이 높으면 그만큼 베팅금을 많이 걸라는 것이다. 기대 순이익(bp-q)이 0이면 베팅 규모도 당연히 0이다. 기대 순이익이 0보다 작으면 베팅하면 안 된다는 것이다.

예를 들어보자.

배당률 100%(1배), 승률 60%의 게임이다. 이 경우는 가진 돈의 20%를 베팅하라.

$$F \ = \ \frac{(1 \ \times \ 0.6) \ - \ 0.4}{1} \ = \ 0.2$$

배당률 50%, 승률 80% 게임이다. 이 경우는 가진 돈의 40%

를 베팅하라.

$$F = \frac{(0.5 \times 0.8) - 0.2}{0.5} = 0.4$$

룰렛 게임을 예로 들어보자.

배당률 35배의 경우, 승률 2.6%일 경우, 베팅하지 마라.(지는 쪽에 베팅하라)

$$F = \frac{(0.026 \times 35) - 0.974}{35} = -0.00183$$

배당률 8배의 경우, 승률 10%일 경우, 베팅하지 마라(지는 쪽에 베팅하라).

$$F = \frac{(0.1 \times 8) - 0.9}{8} = -0.0125$$

배당률 두 배의 경우, 승률 66%일 경우, 가진 돈의 49%를 베팅하라.

$$F = \frac{(0.66 \times 2) - 0.34}{2} = 0.49$$

켈리의 공식이 제시하는 것은 이길 확률이 낮으면 베팅하지 말고, 이길 확률이 높으면 높을수록 더 큰 금액을 베팅하라는 것이다. 확률에 따라 비례적으로 베팅금을 결정하라는 정도로 해석하면 된다.

정액으로 일정하게 베팅하는 구조는 결국 시간이 갈수록 질 수밖에 없다. 최적의 베팅은 이길 확률(p)이 높을 때, 배당률(b)이 큰 곳에 집중해서 기대수익이 최대가 되도록 배팅하는 것이다. 즉, 배당금의 규모가 큰 곳에 찬스가 왔을 때 과감하게 베팅하는 것이다.

하지만, 베팅금을 증가시킨다는 것은 그리 쉬운 일이 아니다. 잘못 베팅했을 때 많은 비중의 금액을 단 한 번의 베팅으로 잃을 수 있다는 심리적 고통을 감당해야 하기 때문이다.

돈을 걸고 하는 모든 투자나 게임은 손익이 비대칭 관계이다. 버는 건 무한이지만 잃는 건 –100%면 끝나게 된다. 이렇듯 손익은 비대칭 관계이므로 손실률과 수익률이 같다면 수익보다 손실에 더 빨리 도달하게 된다. 도박꾼의 파산 원리와 같은 결과에 도달하는 것이다.

## 4) 베이즈의 정리<sup>Bayes' Theorem</sup>(새로운 사실에 따라 확률을 수정하라)

조건부 확률은 이미 어떠한 사건 B가 일어났을 때 사건 A가 발생할 확률을 의미한다. 두 사건 A, B는 서로 영향이 있는 사건이며, 사건 A는 사건 B에 영향을 받아 그 확률이 변할 가능성이 충분한 것이다.

베이즈의 정리는 장로교 목사였던 토마스 베이즈가 만든 정리로 사전확률로부터 어떠한 증거가 새롭게 발견되었을 때 변경되는 사후 확률을 구하는 것이다. 즉 기존의 확률을 놓고, 새로운 사건이 주어졌을 때 그 사건을 바탕으로 확률값을 변화시킨다는 것이다.

베이즈 정리 공식

$$p(A \mid B) = \frac{p(B|A) \times p(A)}{p(B)}$$

$$A\text{의 사후 확률} \quad = \quad \frac{\text{가능성} \times A\text{의 사전 확률}}{B\text{의 사전 확률}}$$

예를 들자면, 지금까지 동전을 백 번 던져서 앞면이 예순 번, 뒷면이 사십 번 나왔다고 치면, 앞면이 나올 초기 확률을 60%로 잡은 다음, 다음번에 다시 동전을 던졌을 때 뒷면이 나오게 되면 앞면이 나올 확률을 59.4%로 내리고, 앞면이 나오면 확률을 60.6%로 올리는 것이다.

동전 던지기 게임에서 앞면이 나올 확률은 1/2이다. 그러나 지금 현재까지 앞면이 나올 확률이 높았다면, 그것의 확률이 여전히 1/2이라고 생각하는 것은 비합리적이다. 따라서 뭔가 새로운 증거를 얻었을 때는 확률을 수정해야 한다. 이러한 의미에서 베이즈의 정리를 믿음 갱신 규칙<sup>Bayesian belief updating rule</sup>이라고 부르기도 한다.

동전 던지기를 하는데 앞에 여섯 번 동안 연속으로 앞면이 나왔다. 그렇다면 일곱 번째는 앞면에 베팅해야 할까? 아니면 뒷면에 베팅해야 할까? '여섯 번 연속으로 앞면이었으니까, 뒷면이 나올 확률이 더 높을 거야.'라고 생각하는 것을 흔히 도박사의 오류라고 부른다. 동전을 얼마나 던지든 간에, 앞면과 뒷면의 확률은 똑같이 1/2이니까. 하지만 이런 판단은 동전이 정상적이거나 아니면 게임의 조건이나 환경이 변화되지 않는 특수한 상황이라는 것을 가정하고 있다.

토마스 베이즈는 다르게 생각한다. 동전이 연속으로 계속 앞면이 나왔다면, 앞면이 많이 나오게끔 만들어진 동전일 확률이 높으므로 앞면에 걸어야 한다는 식이다. 다시 말해, 사건의 배경을 추정하는 데 그리고 앞으로 벌어질 사건의 확률을 계산하는 데 과거에 벌어졌던 사건의 비율이 포함되어야만 한다는 주장이다.

룰렛 게임에서 룰렛의 회전판, 구슬 등 게임 기기에 어느 버릇(특성)이 있다면, 이전에 나온 숫자를 알 수 있다면 **다음에 같은 숫자가 나올 확률이 그만큼 높은** 것과 같다. 이런 상황에서는 최근에 많이 나온 숫자를 위주로 베팅하면 확률을 높일 수 있다.

또 다른 예를 들어보자. 평소에 60%의 확률로 거짓말을 하는 사람이 있다고 하자. 이 사람이 현재에도 거짓말을 했는지 안 했는지 파악하기 위해 90%의 정확도가 있는 거짓말 탐지기로 테스트를 했고, 거짓말로 판정이 나왔다. 이때 실제 이 사람이 거짓말을 했을 확률은 얼마이겠는가? 여전히 60%라고 생각하는 게 합리적인가? 아니다. 이 사람이 거짓말을 했을 확률은 거짓말 탐지기의 결과를 반영하여 93%로 올려 잡아야 한다.

또한, 실제 카지노 게임에서 베이즈의 정리는 게임의 흐름을 판단하는 데 활용할 수 있다. 게임에서 새로운 결과가 나타나면 흐름의 전환이 일어나고 있다는 것으로 현상을 이해하고, 그 결괏값을 더 잘 찾아낼 수 있도록 게임의 방향을 전환해야 한다. 즉, 게임에서 실제 벌어지고 있는 흐름이 변경되면 그 흐름에 맞춰 베팅을 해야 한다는 것이다.

베이즈의 정리는 1973년 발표된 이후 수많은 통계학자에 의해 끊임없는 연구의 대상이 되었다. 현재는 천문학에서부터 물리학 등 통계적 추론이 필요한 영역에서 활용되고 있고, 특히 4차 산업혁명의 꽃이라 불리는 자가 학습과 연관성이 높은 인공지능(AI) 기술 부문에서 각광을 받고 있다.

조만간 투자나 게임의 흐름을 입력하면 확률값을 계산해서 사람 대신 베팅해 주는 베팅 로봇이 발명되어 카지노 객장에서 활용되는 날이 올지도 모르겠다.

## 5) 행운(行運)의 법칙(게임의 흐름을 파악하라)

마틴게일 전략, 오구리의 비법, 켈리의 공식, 베이즈의 정리에 따라 게임을 수행하면 이길 확률을 높여나갈 수 있다. 그럼에도 불구하고 카지노는 오랫동안 지속해서 한다면 이길 수 있다고 장담할 수 없다. 남은 숙제는 장기적으로 어떻게 흐름을 파악하고 변화에 대응할 것인가이다.

게임의 흐름은 어떻게 변화하는가? 인생에는 우리가 인식하지 못하는 수많은 법칙이 존재한다. 지구는 태양 주위를 공전하고 있으며, 하루 24시간 주기로 자전하고 있다. 달은 지구 주위를 28일 주기로 공전한다. 달의 위치에 따라 밀물과 썰물의 시간이 바뀐다. 태양의 주기, 달의 자전과 공전 주기, 지구의 공전과 자전으로 사람을 비롯한 생물체들이 영향을 받고 살아가고 있다. 1년은 365일로 구성되어 있으며, 사람의 몸에도 365개의 기혈이 있다. 1년 24절기가 있고 사람의 척추뼈가 24개라는 것이 우연의 일치만은 아닐 것이다.

인생의 운과 기운에 대해서 변화를 예측할 수 있는 학문으로 명리학이 있다. 명리학에서는 우주의 변화 원리를 음양, 5행(목, 화, 토, 금, 수)으로 판단한다. 그리고 이들이 천간(10개)과 지지(12개)로 짝(60개)을 이뤄 순환한다. 그 예순 번의 단위가 날마다 순환, 반복되면서 시간이 흐르고 있는 것이다. 1년은 춘하추

동의 4계절로 열두 달로 구분하고, 하루는 열두 시간으로 두 시간마다 변하고 순환한다.

게임을 하는 사람이면 누구나 저마다의 예측 감각을 지니고 있을 것이다. 그리고 주술과 같은 믿음도 가지고 있을 것이다. 자연의 이치에 맞는 나름 과학적이고 합리적인 예측 기술로 운의 흐름을 알 수 있다면, 게임에서 유리한 고지를 차지할 수 있다는 것은 자명한 사실이다.

일 년에 한 번 봄철에 씨앗을 뿌린다고 하면 다음번 씨앗을 뿌리기 위해서는 적어도 1년을 더 기다려야 한다. 지구의 공전 주기는 1년이기 때문이다. 달의 주기는 28일이다. 보름이 오려면 다음번 보름까지 28일을 기다려야 한다. 우리가 동양철학에서 인생의 전성기라고 말하는 대운의 주기는 12년이다. 목성의 공전 주기가 11.7년이기 때문이다. 대운은 30년 주기로 변동하는데, 토성의 공전 주기가 30년인 것과 무관하지 않다고 한다.

게임에서 좋은 흐름이 오기까지는 다소 기다림과 인내의 시간이 필요하다. 아무리 발버둥 쳐봐야 28일은 지나야 보름이 오는 것처럼, 새로운 운이 올 때까지는 일정 기간을 쉬는 것이 더 지혜로운 방법이다.

로또 당첨 확률은 멀쩡히 길을 가다가 벼락에 맞을 확률인 50만 분의 1보다도 더 낮은 814만 분의 1임에도 거의 매주 당첨자가 나온다. 1990년대 미국에서 한 여성이 18년 동안 복권에 4번 당첨되었다. 특정 인물에게 그런 일이 벌어질 가능성은 $18 \times 10^{24}$분의 1로 약 1,000조 년에 1번 일어날 확률이라고 한다.

주사위를 세 번 던졌을 때, 세 번 모두 같은 숫자가 나올 확률은 $0.167^3$분의 1, 즉 0.466%이다. 동전 던지기에서 앞면이나 뒷면이 열 번 나올 확률은 $2^{10}$분의 1, 즉 0.097%이다. 그럼에도 불구하고 실제 게임에서는 이러한 장면이 쉽게 그리고 종종 일어나는 것을 목격할 수 있다.

'운'은 일상적인 생활에서 누구에게나 어디에서나 나타날 수 있는 것으로 주변에서 늘 함께 존재하고 있다. 그렇기에 일상생활 속에서 쉽게 다가올 수 있는 '운'을 믿고 확률에 도전하는 사람들이 카지노에 넘쳐나는 것이다. 카지노 주사위 게임에서 홀짝에 거는 확률은 1/2보다 적은 48.6%이지만, 로또에 비하면 어마어마하게 높은 확률이다. 그래서 운만 좋다면 돈을 따는 일이 수도 없이 발생한다. 따라서 돈을 따는 것은 전혀 이상한 일이 아니다.

카지노 게임은 날씨와 유사한 점이 있다. 날씨는 크게 맑은

날, 흐린 날, 비 오는 날로 구분할 수 있을 것이다. 그중에는 맑다가 흐리거나 흐리다가 맑거나, 오락가락하는 변덕스러운 날씨도 있다. 비가 올 때도 잠깐 지나가는 소나기가 있을 수 있는가 하면, 온종일 엄청나게 쏟아붓는 폭풍우 같은 비도 있다. 장마철에는 하루가 아닌 오랜 기간 비가 내린다. 운이란 비규칙적인 규칙성, 비합리적 합리성을 가지고 있는 과학과도 같은 것은 아닐까.

베이즈의 정리에 따르면, 조금 전까지 비가 왔다면 지금은 역시 '비가 온다'에 베팅해야 한다. 비가 올 때는 금방 그치지는 않는 것처럼, 어떠한 상황은 지속될 가능성이 높다. 또 일정한 패턴을 유지한다. 장마철이라면 비는 더 오랜 기간 내릴 것이다. 바카라 게임에서 플레이어와 뱅커 중 어느 하나의 줄이 20여 번이나 나오는 경우는 마치 장마철에 비가 오는 것에 비유할 수 있다.

필자는 카지노 게임에서의 베팅은 날씨를 맞히는 것과 같다고 생각한다. 자연의 이치는 변하고 순환한다. 그곳에는 일종의 기운이 스며들어 있다. 그것이 운이라고 비칠 수 있다고 본다. 이런 것을 종합해볼 때, 게임을 날씨를 맞히는 것에 비유하는 것이 무리한 억지는 아닐 것이다. 비가 올 때는 '비가 온다'에 베팅해야 한다. 맑은 날씨가 되면 맑은 날씨에 맞게 수정해서 베팅해야 한다.

## 쉽게 운을 알 수 있는 팁

*바람이 불고 있다는 것은 나뭇가지가 흔들릴 때 알 수 있다.*

(1) 두 번 이상 나온 숫자를 보게 되면 그 번호에 베팅하라. 이전에 나온 숫자 중에서 다시 나올 가능성이 크다. 한 번 잘 나오는 숫자는 그날은 잘 나오는 편이다.

(2) 홀수/짝수에 베팅할 경우 주로 많이 나오는 곳에 베팅하라. 좀 전까지 홀수가 많이 나왔다면 홀수가 나올 확률이 높다.

(3) 주로 나오는 숫자가 바뀌면 패턴이 바뀐 것이다. 바뀌는 패턴에 맞춰 베팅을 수정하라. 다만, 진짜로 흐름이 바뀐 것인지 아니면 한두 번 잘못 나온 것인지는 판단해야 한다.

(4) 잘 모르겠다고 판단되면, 몇 번을 쉬면서 관찰하라. 자주 나오는 숫자가 모여질 때 베팅을 다시 시작하라.

최근 국내 최고 수준의 슈퍼컴퓨터를 사용하는 기상청의 일기예보가 틀리는 사태가 발생해서 비판을 받고 있다. 심지어 '구라청'이라는 말까지 들린다. 2015년 600억 원을 들여 도입한 미국 크레이사의 시스템으로 정교한 계산 능력을 보유하고 있음에도 불구하고 일기예보가 틀린다는 것은 쉽게 생각해도 이해가 가질 않는다.

카지노는 이길 수 있다는 확신을 주는 고도의 게임이지, 이길 수 있는 게임이 아니라는 말이 있다. 운이 좋으면 따고, 운이 나쁘면 잃는다는 말을 달리 표현하는 방식이다. 그렇기 때문에 운이 좋은지 나쁜지 알아야 하고, 운은 변한다는 것을 인식하고 그에 맞게 대응해야 한다.

때를 아는 자가 군자라는 옛말이 있듯이, 게임에서 승리하기 위해서는 운을 인식하는 능력 또한 중요하지 않을 수 없다. 하루, 이틀, 삼 일, …, 일 년 365일 내내 돈을 따는 사람은 거의 희박하다. 운은 시시각각 변할 수 있다. 하루 중에도 돈을 따고 잃는 것은 시간대별로 다르다. 다행히 운이 맞는다면 모르겠지만 나의 스타일만 고집해서는 절대 오래 살아남을 수 없다. 게임 흐름 자체의 방향에 맞춰서 해야 하는 것이다.

슈퍼컴퓨터로도 예측하기 어려운 일기를 맞히기 위해서 많은 노력이 필요한 것처럼, 게임에서 이길 확률을 높이기 위해서는 시시각각 변하는 운을 알기 위해 조금이라도 더 노력해야 한다.

## 6) (사례 연구) 룰렛에서 돈 따는 베팅 방법

카지노 회사가 돈을 버는 구조는 이렇다. 이를테면 미국식 룰렛에는 1에서 36까지의 숫자가 적힌 포켓이 있는데 1에서 18까지는 빨강, 19에서 36까지는 검정이다. 이것만 하면 빨강이 나올 확률이나 검정이 나올 확률은 18/36=1/2로 같다. 그러나 룰렛에는 0과 00의 포켓이 있다. 이 두 개의 포켓 중 어느 쪽에나 구슬이 들어가면 카지노 회사에게 돈이 들어가는 것이다. 이 경우 빨강이냐 검정이냐로 게임을 한다면 손님은 18/38≒0.47. 즉 3%의 차이가 나는 동전을 던지는 것과 같다. 50원을 가지고 1원씩 걸어서 100원을 만들려고 한다면 99.75%의 확률로 파산되게 되는 것과 같다.

룰렛의 공이 어느 하나의 포켓에 들어갈 확률을 1/38≒0.026이다. 그것을 맞출 확률은 2.6%이다. 그러나 그곳에 베팅해서 이기면 35배를 배당한다. 즉 배당률은 35/38≒0.9210이다. 하나를 정확히 맞출 확률은 0.026이고, 그것에 따른 배당률은 92% 정도이므로 이미 카지노 회사에게 유리한 구조이다. 이러한 게임 구조에서 돈을 따기 위해서는 확률을 높이는 방법을 연구해야 한다. 적어도 1/2, 즉 50% 이상으로 확률을 높여 게임을 해야만 목표 수익을 얻을 가능성이 높아진다.

## 룰렛의 게임 구조: 카지노에 유리한 게임 구조

유럽식 룰렛은 당첨 가능한 모든 경우의 수가 서른일곱 가지 (1~36, 0) 이므로 하나의 숫자에 베팅할 경우 고객이 이길 확률은 37분의 1이며, 반대로 질 확률은 37분의 36이다. 한 개를 정확히 맞춘 경우 35배를 지급하며, 실패할 경우 원금을 손실하게 된다. 즉 하나의 숫자에 베팅할 경우 –2.7%의 승률을 갖는다.

스트레이트에 베팅할 경우 승률(유럽식)
$$(1/37) \times 35배 + (36/37) \times (-1) = -0.027$$

미국식의 경우 당첨 가능한 모든 경우의 수는 서른여덟 가지 (1~36, 0, 00)이므로 하나의 숫자에 베팅할 경우 고객이 이길 확률은 38분의 1이며, 반대로 질 확률은 38분의 37이다. 한 개를 정확히 맞춘 경우 35배를 지급하며, 실패할 경우 원금을 손실하게 된다. 즉 하나의 숫자에 베팅할 경우 –5.26%의 승률을 갖는다. '0'에 '00'이 하나 더 있음으로 해서 승률은 고객에게 더 불리하게 작용한다. 이는 카지노 회사에게 더 유리한 구조로서, **하우스 에지**라고 한다.

---

스트레이트에 베팅할 경우 승률(미국식)
$$(1/38) \times 35배 + (37/38) \times (-1) = -0.0526$$

---

## 위험을 줄이면서 안전하게 돈을 딸 수 있는 베팅 방법

룰렛의 베팅 방법은 크게 인사이드와 아웃사이드 베팅으로 나뉜다.

인사이드 벳은 말 그대로 룰렛 테이블 안쪽에 베팅하는 것이고, 아웃사이드 벳은 로 넘버 벳(1~18)과 하이 넘버 벳(19-36), 이븐 넘버(짝수) 벳과 오드 넘버(홀수) 벳, 레드 넘버(빨강색) 벳과 블랙 넘버(검은색) 벳으로 1:1 베팅이다. 적중 확률이 높은 만큼 베팅금의 1배를 따게 된다.

다음은 베팅 방법을 통해서 확률을 높이는 방법을 연구해 보았다.

아웃사이드 벳 중 1st 12(1~12)와 2nd 12(13~24), 3rd 12(25~36)와 세로줄 맨 아래쪽에 '2 to 1'에 베팅을 하는 컬럼 벳은 적중할 경우 2배의 배당을 받는다.

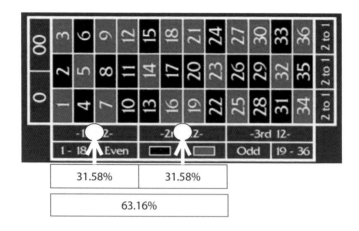

〈컬럼 벳에 베팅하는 경우 커버 확률〉

총 38개의 숫자 중에서 한 개의 숫자가 나올 확률은 1/38=0.0263157895이다. 1st(1~12)까지의 숫자가 나올 확률은 12/38=0.315789474이다. 2st(13~24)까지의 숫자가 나올 확률은 (12/38)+(12/38)=0.631578947이다. 즉 숫자의 63.16%를 커버할 수가 있게 된다.

이럴 경우 이길 수 있는 확률을 계산해 보자. 오구리의 비법으로 초기 금액 50원(m)으로 시작해서, 목표 금액 100원(N)으로 이길 수 있는 확률을 구해보자. p=0.63, q=0.37이 된다.

$$P(50,100) = \frac{1-(0.37/0.63)^{50}}{1-(0.37/0.63)^{100}} = 1$$

결괏값은 1이 나온다. 즉 100%의 확률에 가까워진다는 것이다.

63.16%의 확률로 숫자를 커버하여 그 안에 숫자가 나오면 100원을 따는 구조가 된다. 원금 200원을 투자하면 원금 포함 총 300원을 받게 되기 때문이다. 그렇다면 이 나머지 100원을 최대한 활용하여 확률과 배당 수입을 더 높여나갈 수 있다.

예를 들어 100원을 나누어서 10원씩 스트레이트 벳 10개소에 베팅할 경우 0.0263157895×10=0.263157895로 해당 숫자가 나올 경우 350원(35배)을 배당받을 수 있다. 운이 좋을 때는 과감하게 베팅하는 것도 좋을 것이나 위험도가 높아 보인다.

만약 10원씩 숫자 네 개를 커버할 수 있는 코너 벳을 10개소(1st, 2nd, 3rd 전체 대상)에 할 경우에는 총 32개의 숫자를 커버할 수 있게 된다(단순 계산상으로는 사십 개의 숫자를 커버할 수 있지만, 테이블 구조상 중복 베팅되는 수가 발생하며, 네 개의 숫자는 베팅할 수 없게 된다). 0.0263157895×32=0.842105263, 즉 84.2%의 확률로 80원(8배)을 배당받을 수 있다. 100원 투자해서 80원을 버는 것은 합리적으로 보이지는 않는다.

26%의 확률로 350원을 받을 것인가? 아니면 84.2%의 확률로 80원을 받을 것인가 선택의 문제가 생긴다. 26%의 확률로 350원을 받는 것은 위험이 크다. 그러나 84.2%의 확률로 80원을 받는 것은 안전하기는 하지만 돈이 너무 작다.

그렇다면 코너 벳을 5개소(1st, 2nd, 3rd 전체 중)만 하고 금액을 20원씩 올려 보자. 총 스물네 개의 숫자 중에서 여섯 개를 제외한 곳을 커버할 수 있으며, 0.0263157895×18=0.473684211의 확률로 배당금은 160원(8배)을 받을 수 있다.

코너 벳을 20원씩 1st 중에서 4개소만 하고, 스트레이트 벳을 1개소에 베팅해 보자. 0.0263157895×12=0.315789474의 커버 확률로 160원(8배)의 배당을 받을 수 있고, 0.0263157895의 커버 확률로 700원을 배당받을 수 있다.

**승률과 배당액을 비교하여 최적의 베팅 방법을 분석해 보자.**

100원씩만 컬럼 벳을 두 개 할 경우, 승률은 63.2%로 원금 포함 100원의 이익이 남는다. 그러나 장기적인 확률은 0에 수렴하므로 오랜 시간 게임하면 조금씩 돈을 잃게 된다.

| 베팅액(총액) | 베팅 개소 | 커버 확률 | 배당금 |
|---|---|---|---|
| 100원(200원) | 2(1st, 2nd) | 63.2% | 200원(2배) |

리스크를 최대한 줄였으면, 나머지 금액은 수입을 올리는 전략으로 베팅하여야 한다. 켈리의 법칙처럼 특정 숫자를 중심으로 집중, 선택적으로 투자해야 하며, 가능성이 높은 숫자에 베팅금을 높여서 베팅해야 한다. 5안의 경우가 확률과 수익 측면에서 합리적인 베팅으로 보인다.

〈시나리오별 베팅 방법〉

| 구분 | 베팅액(총액) | 베팅 개소 | 커버 확률 | 배당금 |
|------|------|------|------|------|
| 1안 | 100원 | 1 스트레이트 벳 | 2.63% | 3,500(35배) |
| 2안 | 10원(100원) | 10(1st, 2nd, 3nd) 스트레이트 벳 | 26.3% | 350(35배) |
| 3안 | 10원(100원) | 10(1st, 2nd, 3nd) 스퀘어 벳 | 84.2% | 80원(8배) |
| 4안 | 20원(100원) | 5(1st, 2nd, 3nd) 스퀘어 벳 | 47.4% | 160원(8배) |
| 5안 | 20원(100원) | 4(1st) 스퀘어 벳 + 1(1st) 스트레이트 벳 | 31.6% + 2.6% | 160원(8배) + 700원(35배) |

적정한 확률로 배당금을 높이기 위해서는 스퀘어 벳으로 안전하게 더 많은 숫자를 커버하고, 스트레이트 벳으로 배당 수익을 높이는 전략이 필요하다. 어느 정도 게임의 흐름을 파악하고 자본이 충분하다면, 캘리의 법칙에서처럼 베팅금을 높여야 한다. 칼럼 벳에 100원씩 베팅하던 금액을 500원씩 올리면 나머지 500원으로 더 많은 숫자를 커버할 수 있게 되고, 배당금도 많아져 수익이 쑥 올라간다.

오구리의 이기고 돌아올 확률 개념에서 하나의 숫자를 기본으로 그것이 어느 칼럼에 속할지를 선택한 후, 그 주변에 스퀘어 벳과 스트레이트 벳을 집중한다면 그만큼 효과적인 베팅을 할 수 있다. 이렇게 해서 어느 정도 자본금이 충분히 쌓였다면 캘리의 법칙에 의거, 베팅금을 높여서 게임하면 그만큼 목표 수익을 빠르게 거둘 수 있게 되는 것이다. 하지만 이러한 방법도 운이 나쁘다면 돈을 잃는다. 다만, 적게 잃을 수 있거나 오랜 시간 게임을 즐길 수 있다는 측면에서는 확실히 효과가 있는 방법이다.

카지노에서 돈을 따기 위해서는 운을 인식하는 능력을 기본으로 베이지안 정리, 더블 베팅 전략, 캘리의 법칙, 오구리의 법칙 등 가능한 모든 방법을 활용해야 한다. 그리고 운이 바뀌었을 때는 그에 맞게 전략을 수정해야 한다. 결국 '이성'과 '운'을 함께 활용해야 이길 수 있는 게임이다. 이러한 노력 없이 그저 운으로 얻은 승리는 순식간에 사라질 수 있는 것이다.

# 3

# 카지노

# 게임 소개

(게임별 승률, 배당률, 하우스 에지)

# 1. 커다란 수레바퀴(빅휠<sup>Big Wheel</sup>)

카지노를 처음 방문하는 고객들이 사전 지식 없이도 가장 쉽게 즐길 수 있는 게임으로 일명 빅 식스<sup>Big Six</sup>, 휠 오브 포춘<sup>Wheel of Fortune</sup> 또는 머니 휠<sup>Money Wheel</sup>이라 불리기도 한다.

딜러가 손으로 돌리면서 시작되는 빅휠은 서서히 회전하는 속도가 떨어지다가 수레바퀴 게임기 상단부에 있는 스토퍼(<sup>Stopper</sup>: 가죽 띠)가 특정 숫자에서 멈추면 끝나는 게임인데, 이때 스토퍼가 가리키는 곳이 당첨되는 곳이다.

커다란 수레바퀴<sup>Big Wheel</sup>에는 총 쉰네 개의 칸막이가 있고, 그 칸막이에는 1, 2, 5, 10, 20, Mega, Joker 등으로 이름 붙여진 일곱 종류의 시상이 나뉘어 있다. 시상의 종류는 일곱 가지이지만, Mega와 Joker의 배당은 사십 배로 같기에 빅 식스<sup>Big Six</sup>로 불리기도 한다. 보통 칸의 반 정도는 1:1의 배당, 나머지 반 정도는 1:2의 배당, 또 나머지의 반 정도는 1:5의 배당으로 나누어져 있다.

이 게임 기구는 '행운의 바퀴<sup>Wheel of Fortune</sup>'로서 글자 그대로 고객의 운을 시험할 수 있으며, 고액 배당이 가능하고 흥겨운 분위기를 연출할 수 있기 때문에 시야에서 쉽게 띌 수 있는 카지노 입구 쪽에 배치해서 운영한다. 입장객을 대상으로 무료 음료수를 제공해 주거나 단순한 경품을 제공하는 이벤트용 게임 기구로 활용하기도 한다.

그러나 다른 게임에 비해 상대적으로 카지노 어드밴티지가 높아 짧은 시간에 돈을 잃을 수 있다. 가장 많은 24개의 칸막이가 44.4%로, 50%보다 작다. 타 게임보다 확률이 낮은 편이다.

〈승률 및 배당률〉[15]

| 배팅 장소 | 칸막이 배분 | 승률 | 배당률 |
|---|---|---|---|
| 1 | 24 | 24/54 ≒ **0.4444** | 1:1 |
| 2 | 15 | 15/54 ≒ 0.2777 | 1.2 |
| 5 | 7 | 7/54 ≒ 0.1296 | 1:5 |
| 10 | 4 | 4/54 ≒ 0.0740 | 1:10 |
| 20 | 2 | 2/54 ≒ 0.0370 | 1:20 |
| Joker | 1 | 1/54 ≒ 0.0185 | 1:40 |
| Mega | 1 | 1/54 ≒ 0.0185 | 1:40 |
| 합계 | 54 | 54/54 = 1 | |

초기 금액 50원으로 100원을 딸 수 있는 확률을 구해보면,

---

15) http://wizardofodds.com/ 참고 재구성.

<목표 수익 달성 확률>

$$P(50,\ 100) = \frac{1-(0.556/0.444)^{50}}{1-(0.556/0.444)^{100}} = \frac{0.0000130}{4}$$

---

배팅 장소 1(24개 칸막이), 1배(배당률), 승률(p)=0.444일 때,
**50원으로 시작해서 1원씩 베팅하여 100원을 벌 수 있는 확률은
0.001304%이다.**
**파산할 확률은 1-0.00001304≒0.9999이다. 즉, 99.99%이다.**

---

# 2. 룰렛<sup>Roulette</sup>

룰렛의 기원은 정확하지는 않다. 17세기 수학자 파스칼이 발명했다는 설과 중국에서 유래하여 유럽으로 전파되었다는 설이 있고, 도미니카 승려들에 의해 발명되었다는 이야기도 전해진다. 룰렛<sup>Roulette</sup>은 'Roue'와 'lette'의 합성어로서 'Roue'는 프랑스어로 영어의 'Wheel(바퀴)'이란 의미이며, 'lette'은 이탈리아어로서 영어의 'little(작은)'과 같은 의미이다. 즉 '돌아가는 작은 바퀴'라는 정도의 의미이다. 룰렛은 18세기 후반 모나코의 통치자였던 프린스 찰스가 모나코의 재정 문제를 해결하기 위해 도입하여 큰 인기를 누리기도 하였다.

룰렛 게임이란 룰렛 휠과 룰렛 볼을 사용하여 룰렛 볼이 서른일곱 개(유럽식) 또는 서른여덟 개(미국식)의 숫자로 이루어진 휠의 어떤 숫자에 낙착하는가를 알아맞히는 게임이다. 딜러가 비금속성의 볼을 회전판이 돌아가는 반대 방향으로 돌려 회전판 번호의 포켓에 볼이 낙착되면 그 번호와 관련된 곳에 베팅한 플레이어가 이기게 된다.

카지노 게임 중 비교적 쉬운 게임으로, 가장 대중적인 게임 중 하나이다.

베팅은 인사이드 벳$^{In \ side \ bet}$과 아웃사이드 벳$^{Out \ side \ bet}$으로 구분할 수 있다. 인사이드 벳이란 레이아웃 안쪽 숫자에 베팅하는 것을 말한다. 스트레이트$^{Straight}$ 서른다섯 배, 스플릿$^{Split}$ 열일곱 배, 스트릿$^{Street}$ 열한 배, 스퀘어$^{Square}$ 또는 코너$^{coner}$ 여덟 배, 5$^{Five}$ 넘버 여섯 배, 6$^{Six}$ 넘버 다섯 배, 3$^{Three}$ 넘버 열한 배가 지급된다.

아웃사이드 벳은 그 외의 것으로, 칼럼$^{Column}$ 두 배, 더즌$^{Dozen}$ 두 배로 지급되며, 로우$^{Low}$ 넘버, 하이$^{High}$ 넘버, 이븐$^{Even}$ 넘버, 오드$^{Odd}$ 넘버, 레드$^{Red}$ 넘버, 블랙$^{Black}$ 넘버는 한 배를 지급한다.

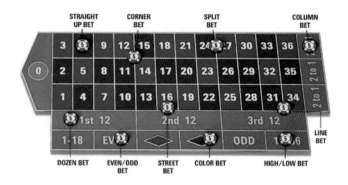

〈베팅 장소와 명칭〉

미국식 룰렛 게임의 이론적 카지노 승률<sup>House Edge</sup>은 5.26%이
며, 확률을 높여 가급적 많은 숫자를 커버할 수 있는 베팅으로
높은 배당을 받을 수 있도록 최적의 베팅 방법을 찾아내기만 한
다면 플레이어의 승률을 높일 수 있는 게임이다. 영화 <철도원>
의 원작자인 일본 소설가 아사다 지로의 취미는 카지노이다. 유
럽 각지의 카지노를 둘러보고 쓴 책에서 그는 "룰렛은 많이 생각
해야 하는 게임이다. 첫째, 숫자의 흐름이다. 나오는 숫자를 보면
서 규칙을 발견해야 한다."라고 적었다. 그만큼 룰렛에서의 흐름
을 파악하는 것이 중요하다는 것이다.

〈베팅 확률 및 배당률〉[16]

| 배팅 장소(Bet) | | 승률(Doble-Zero) | 배당 |
|---|---|---|---|
| 아웃사이드 벳 (Out Side Bet) | 레드(Red) | 16/38 ≒ 0.4737 | 1:1 |
| | 블랙(Black) | 16/38 ≒ 0.4737 | 1:1 |
| | 오드(Odd) | 16/38 ≒ 0.4737 | 1:1 |
| | 이븐(Even) | 16/38 ≒ 0.4737 | 1:1 |
| | 로우 넘버 (1 to 18) | 16/38 ≒ 0.4737 | 1:1 |
| | 하이 넘버 (19 to 36) | 16/38 ≒ 0.4737 | 1:1 |
| | 1st 칼럼 (1 to 12) | 12/38 ≒ 0.3158 | 1:2 |
| | 2nd 칼럼 (13 to 24) | 12/38 ≒ 0.3158 | 1:2 |
| | 3rd 칼럼 (25 to 36) | 12/38 ≒ 0.3158 | 1:2 |
| 인사이드 벳 (In Side Bet) | Six Line (6 numbers) | 6/38 ≒ 0.1579 | 1:5 |
| | First Five | 5/38 ≒ 0.1316 | 1:6 |

| | (5 numbers) | | |
|---|---|---|---|
| | Corner (4 numbers) | 4/38 ≒ 0.1053 | 1:8 |
| | Street (3 numbers) | 3/38 ≒ 0.0789 | 1:11 |
| | Split (2 numbers) | 2/38 ≒ 0.0526 | 1:17 |
| | Any one number (1 number) | 1/38 ≒ 0.0263 | 1:35 |
| 합계 | 15 | 38/38 = 1 | |

초기 금액 50원으로 100원을 딸 수 있는 확률을 구해보면,

<목표 수익 달성 확률>

$$P(50,\ 100) = \frac{1-(0.526/0.474)^{50}}{1-(0.526/0.474)^{100}} = \underline{0.00546074386}$$

1배(배당률) 아웃사이드 벳의 승률(p)=0.474일 때,
50원으로 시작해서 1원씩 베팅하여 100원을 벌 수 있는 확률은
0.546%이다.
파산할 확률은 1-0.00546≒0.99454로 99.45%이다.
빅휠보다는 확률이 높으나, 여전히 플레이어에게 불리한 게임이다.

---

16) http://wizardofodds.com/ 참고 재구성.

# 3. 다이사이<sup>Tai Sai</sup>

다이사이는 고대부터 유명한 중국의 게임으로, 유리 용기 안에 있는 주사위 세 개를 3회 또는 4회 진동시킨 후, 뚜껑을 벗겨 세 개의 주사위가 표시한 각각의 숫자 또는 구성되어 있는 여러 숫자의 조합에 베팅하는 게임이다.

세 개 주사위의 합은 똑같은 주사위가 세 개 나오는 경우 계산상 최소 3에서 최대 18까지의 숫자 조합이 가능하며, 각각의 경우의 수는 총 216가지가 있다. 3과 18이 나올 확률은 $1/216 ≒ 0.00462$, 즉 0.46%이며, 세 개의 주사위를 합해서 10, 11이 나올 경우의 수는 27가지로 $27/216 = 0.125$, 즉 12.5%로 같다. 10과 11을 기준으로 큰 수와 작은 수가 서로 대칭적인 확률 구조를 보인다. 만일, 단일 숫자에 베팅한다면 10과 11에 걸어야 확률이 가장 높다.

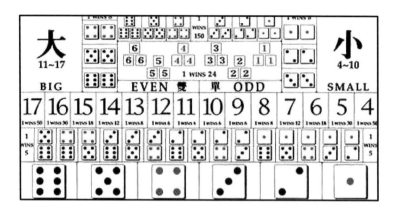

〈베팅 테이블〉

〈세 개의 주사위 합과 확률〉

| 3개 합 | 3 | 4 | 5 | 6 | 7 | 8 | 9 | 10 | 11 | 12 | 13 | 14 | 15 | 16 | 17 | 18 | 합계 |
|---|---|---|---|---|---|---|---|---|---|---|---|---|---|---|---|---|---|
| 경우의 수 | 1 | 3 | 6 | 10 | 15 | 21 | 25 | 27 | 27 | 25 | 21 | 15 | 10 | 6 | 3 | 1 | 216 |
| 확률 | 0.46 | 1.39 | 2.78 | 4.63 | 6.94 | 9.72 | 11.6 | 12.5 | 12.5 | 11.6 | 9.72 | 6.94 | 4.63 | 2.78 | 1.39 | 0.46 | 100 |
| | 0.46 | | | | 49.54 | | | | | | | 49.54 | | | | 0.46 | 100 |
| 小/大 | | | | 48.62 (49.54 − 0.92) | | | | | | | 48.62 (49.54-0.92) | | | | | 0.46 | |

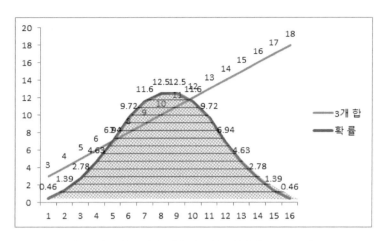

〈주사위 3개를 던져 나올 수 있는 합과 확률 분포도〉

〈베팅 확률 및 배당률〉[17]

| 베팅 장소(bet) | | 승률 | 배당률 | 하우스 에지 |
|---|---|---|---|---|
| Big(大) Bet / Small(小) Bet | | 48.61 | 1:1 | 2.78 |
| Even Bet / Odd Bet | | 48.61 | 1:1 | 2.78 |
| Pair Dice Bet | | 7.41 | 1:8 | 33.33 |
| Triple Bet | | 0.46 | 1:150 | 30.9 |
| Any Triple Bet | | 2.78 | 1:24 | 30.56 |
| Total Number Bet | 4, 7 | 1.39 | 1:50 | 15.18 |
| | 5, 16 | 2.78 | 1:30 | 13.89 |
| | 6, 15 | 4.63 | 1:18 | 16.67 |
| | 7, 14 | 6.94 | 1:12 | 9.72 |
| | 8, 13 | 9.72 | 1:8 | 12.5 |
| | 9, 10, 11, 12 | 11.57 | 1:6 | 18.98 |
| Domino Bet | | 13.89 | 1:5 | 16.67 |
| Single Dice Bet | | | | |
| - 하나의 숫자와 일치할 때 | | 34.72 | 1:1 | |
| - 2개의 숫자와 일치할 때 | | 6.94 | 1:2 | 7.87 |
| - 3개 모두 동일한 숫자일 때 | | 0.46 | 1:3 | |

초기 금액 50원으로 100원을 딸 수 있는 확률을 구해보면,

<목표 수익 달성 확률>

$$P(50,\ 100)\ =\ \frac{1-(0.514/0.486)^{50}}{1-(0.514/0.486)^{100}}\ =\ \frac{0.057284628}{6}$$

> **1배(배당률) 벳(大/小, 홀수/짝수)의 승률(p)=0.486일 때,**
> 50원으로 시작해서 1원씩 베팅하여 100원을 벌 수 있는 확률은 5.73%이다.
> 파산할 확률은 1-0.0573≒0.9427로 94.27%이다.
> 빅휠보다 높고, 룰렛보다도 승률이 높다(고객에게 유리하다).

---

17) http://wizardofodds.com/

# 4. 블랙잭<sup>Black Jack</sup>

일명 '21<sup>Twenty one</sup>'이라고 불리기도 하는 블랙잭은 카드의 합이 21 또는 21에 가까운 숫자를 만들어 딜러보다 그 숫자가 높으면 이기는 게임으로, 전 세계적으로 가장 인기 있는 게임 중 하나이다.

이 게임은 두 장 또는 그 이상의 카드를 받아 합한 점수가 21에 가깝도록 만들기 위해 플레이어와 딜러<sup>Dealer</sup>가 승부를 겨루는 게임으로, 플레이어는 카드의 합을 21 또는 21에 가까운 숫자로 만들기 위해 원하는 만큼의 카드를 받을 수 있지만, 딜러는 플레이어와 달리 16까지는 의무적으로 카드를 받아야 하며, 17 이상은 카드를 받을 수 없어 플레이어에게 가장 유리한 게임으로 알려져 있다.

블랙잭은 주로 카드 6덱(여섯 패의 카드를 한데 섞어 게임하는 것, 52장×6덱=312장)을 섞은 후 게임하는 방식이 보편화되어 있는데, 기본적인 게임 규칙은 세계 어느 곳이든지 동일하지만,

카지노의 하우스룰<sup>House Rule</sup>에 따라 약간씩 다른 규칙도 있다.

게임은 플레이어가 테이블에 표시된 각각의 베팅 장소에 최저<sup>Min</sup>에서 최고<sup>Max</sup> 베팅액 사이의 칩을 베팅하면서 시작되며, 베팅이 끝나면 딜러가 셔플한 후 카드를 모아 둔 사각 통에서 카드를 딜<sup>deal</sup> 한다. 모든 플레이어와 딜러는 두 장의 카드를 받고, 딜러가 먼저 자신의 카드 중 한 장을 오픈한다.

플레이어에게 드로잉된 최초 카드 2장<sup>initial two card</sup>의 숫자 높낮이에 따라 추가 카드를 받거나<sup>Hit</sup> 멈출<sup>Stay=Stand</sup> 수 있다. 플레이어는 딜러보다 불리하다고 판단되면 베팅금의 절반을 포기하는<sup>Surrender</sup> 조건으로 게임을 종료할 수도 있으나, 딜러는 이니셜 투 카드가 16 이하일 때, 17 이상이 될 때까지 카드를 받아야만 한다.

딜러와 플레이어 모두 21을 초과하면 지게 되는데 이를 버스트<sup>Bust</sup>, 혹은 오버<sup>Over</sup>라고 한다. 플레이어가 버스트하게 되면 해당 핸드의 게임은 종료되고, 딜러가 버스트하게 되면 숫자에 상관없이 버스트하지 않은 플레이어가 이기게 된다.

플레이어와 딜러 카드의 숫자를 비교하여, 딜러보다 높은 숫자를 가진 플레이어의 베팅금은 지급하고, 딜러보다 낮은 숫자의 카드를 가진 플레이어의 베팅금은 수거한다. 딜러와 플레이어의 카드 숫자의 합이 같을 경우$^{Push}$ 비기게 되어 지급, 수거 없이 게임은 종료된다.

이니셜 투 카드(처음 2장의 카드)의 조합이 A + any 10(10, J, Q, K)으로 합이 '21'인 경우가 가장 높은 카드이며, 이를 '블랙잭'이라고 한다. 플레이어가 블랙잭일 경우 카지노 회사의 정책에 따라 1.5배(3 to 2) 혹은 1.2배(6 to 5)를 지급한다.

'Ace'는 1 또는 11로 계산되며, 그림 카드(King, Queen, Jack)는 모두 10으로 계산되고 그 외 카드는 표시된 숫자대로 계산된다. 게임 참여를 위해서는 히드$^{Hit}$, 스테이$^{Stay=Stand}$, 푸시$^{Push}$, 버스트$^{Bust=over}$, 블랙잭$^{BlackJack}$, 더블다운$^{Double\ Down}$, 스플릿$^{Split}$, 이븐 머니$^{Even\ Money}$, 인슈어런스$^{Insurance}$, 페어 벳$^{Pair\ Bet}$, 서렌더$^{Surrender}$ 등의 용어 및 룰을 정확히 숙지해야 한다.

실제 경험적으로 '게임의 기본 전략'을 완벽하게 이해한 상태에서 카드 카운팅까지 철저하게 고려하여 게임한다면 플레이어에게 가장 유리한 게임으로, 카지노의 어드밴티지가 마이너스(-)가 될 수 있는 게임이다.

이론적으로 블랙잭의 승률은 6덱의 경우 0.43%, 8덱의 경우

0.45% 정도 카지노가 높은 것으로 알려져 있으며, 실력과 게임 룰에 따라 –0.03~5% 정도까지 차이가 있다고 한다.

대부분의 카지노 도박사라 불리는 사람들은 블랙잭 또는 포커 플레이어다. 룰렛, 다이사이 등의 게임은 플레이어가 일정한 장소에 베팅하면 그다음부터는 플레이어의 의지와 관계없이 운에 맡겨야 하지만, 이 게임은 게임 중간에 플레이어가 판단할 수 있도록 되어 있어 실력 여부가 반영될 수 있는 구조이다.

카지노 회사는 카드 카운팅을 방지하기 위해 기계 셔플기를 이용하여 남아있는 카드를 셀 수 없는 조건으로 운영하고 있으며, 전문게임자로 판단되면 출입을 금지하는 방법으로 대응하고 있다.

블랙잭의 하우스 승률$^{Edge}$은 6,912개 룰의 조합에 따라 변한다. 카드의 덱 수, 딜러의 히트와 스탠드, 서렌더, 지급 배수 등에 따라 변경되는 승률은 다음과 같다.

1덱의 카드로 게임할 경우, 동일 조건에서(딜러 17에서 스탠드, 서렌더 미적용, 블랙잭 지급 배수 1.5배)의 하우스 에지는 –0.03119%이고, 6덱의 경우는 0.42622%, 8덱의 경우는 0.44686%로 조금씩 높아진다. 1%도 안 되는 확률로 카지노에게 유리하지만, 플레이어는 많은 돈을 잃는다.

Number of decks of cards used: **1**, 2, 4, 5, 6, 8
Dealer hits or stands on a soft 17: **Stands**, Hits
Player can double after a split: No, **Yes**
Player can double on: **Any first two cards**, 9-11 only, 10-11 only
Player can resplit to: 2, 3, **4 hands**
Player can resplit aces: **No**, Yes
Player can hit split aces: **No**, Yes
Player loses only original bet dealer BJ: No, **Yes**
Surrender rule: **None**, Late
Blackjack pays: **3 to 2**, 6 to 5

Optimal results(최상의 결과): -0.18289%
Realistic results(현실적 결과): **-0.03119%**

&lt;6덱의 카드로 게임할 경우 하우스 에지&gt;[19]

Number of decks of cards used: 1, 2, 4, 5, **6**, 8
Dealer hits or stands on a soft 17: **Stands**, Hits
Player can double after a split: No, **Yes**
Player can double on: **Any first two cards**, 9-11 only, 10-11 only
Player can resplit to: 2, 3, **4 hands**
Player can resplit aces: **No**, Yes
Player can hit split aces: **No**, Yes
Player loses only original bet dealer BJ: No, **Yes**
Surrender rule: **None**, Late
Blackjack pays: **3 to 2**, 6 to 5

Optimal results(최상의 결과): 0.40312%
Realistic results(현실적 결과): **0.42622%**

---

18) http://wizardofodds.com/
19) http://wizardofodds.com/

| <8덱의 카드로 게임할 경우 하우스 에지>[20] |
| --- |
| Number of decks of cards used: 1, 2, 4, 5, 6, **8** |
| Dealer hits or stands on a soft 17: **Stands**, Hits |
| Player can double after a split: No, **Yes** |
| Player can double on: **Any first two cards**, 9-11 only, 10-11 only |
| Player can resplit to: 2, 3, **4 hands** |
| Player can resplit aces: **No**, Yes |
| Player can hit split aces: **No**, Yes |
| Player loses only original bet dealer BJ: No, **Yes** |
| Surrender rule: **None**, Late |
| Blackjack pays: **3 to 2**, 6 to 5 |
| Optimal results(최상의 결과): 0.43096% |
| Realistic results(현실적 결과): **0.44686%** |

미국 표준 룰(카드 8덱, 딜러 스탠드 17, 스플릿 후 더블 허용 시)을 적용할 경우 플레이어의 기대 효과는 아래 표와 같다. 플레이어는 카드 덱을 높일수록 기대수익이 감소하고, 지불 배수를 적게 적용받을수록 손실이 증가한다(하우스는 카드 덱을 높일수록 기대수익이 증가하고, 지불 배수를 적게 할수록 이익이 증가한다).

---

20) http://wizardofodds.com/

**&lt;룰의 변동 효과&gt;**[21]

| Rule | Effect |
|---|---|
| Single Deck | 0.48% |
| Early surrender against ten | 0.24% |
| Player may double on any number of cards | 0.23% |
| Double deck | 0.19% |
| Player may draw to split aces | 0.08% |
| Six-card Charlie | 0.16% |
| Player may re-split aces | 0.08% |
| Late surrender | 0.08% |
| Four Decks | 0.06% |
| Five Decks | 0.03% |
| Six Decks | 0.02% |
| Split to only 3 hands | -0.01% |
| Player may double on 9-11 only | -0.09% |
| Split to only 2 hands | -0.10% |
| European no hole card | -0.11% |
| Player may not double after splitting | -0.14% |
| Player may double on 10, 11 only | -0.18% |
| Dealer hits on soft 17 | -0.22% |
| Blackjack pays 7-5 | -0.45% |
| Blackjack pays 6-5 | -1.39% |
| Blackjack pays 1-1 | -2.27% |

---

21) http://wizardofodds.com/

# 5. 바카라<sup>Baccarat</sup>

바카라<sup>Baccarat</sup>는 이탈리아어로 '0'을 의미하는 것으로 세 장의 카드 합이 0일 때 'Baccarat'라고 부른다. 이 게임은 플레이어와 뱅커로 나누어 두 장의 카드를 받아 합이 먼저 '9'가 되거나 '9'에 가까운 쪽이 이기는 게임이다. 프랑스에서는 푼토반코<sub>Punto=Player, Banco=Banker</sub>라고도 부른다.

수학적으로 Banker의 확률이 조금 더 높기 때문에 Banker 사이드에 베팅을 하여 Winner가 되었을 경우에는 5%(카지노에 따라 커미션을 받지 않는 곳이 있음)의 커미션<sup>commission</sup>을 카지노가 가질 때가 있다. 물론 노 커미션으로 운영하는 곳도 많다. 커미션을 계산하는 것보다 회전수를 높여 수입을 올리는 것이 더 유리할 수 있기 때문이다.

바카라는 고액 게임자들이 가장 즐기는 게임으로, 회전이 빠르고 베팅금이 커서 짧은 시간에 많은 돈이 오가는 게임이기도 하다. 바카라로 전 재산을 날린 사람들이 있으며, '악마의 꽃'으로 불릴 정도로 승부를 겨루는 대표적인 카지노 게임이다.

확률이 높은 바카라 게임의 경우 자금이 조달될 수 있는 환경 하에서 계속 두 배로 베팅을 하면 결국 플레이어가 유리해질 수밖에 없다. 그러므로 대부분 카지노 회사는 손실을 방지하는 차원에서 베팅금의 상한선과 하한선을 두고 운영하고 있다. 게임 리미트를 적게 정해 놓으면 적은 금액으로 게임을 할 수는 있으나, 결과적으로 고객에게는 두 배 베팅 횟수가 줄어들게 되어 돈을 잃게 되고, 그로 인해 카지노 회사는 더 많은 수익을 가져갈 수 있는 유리한 환경이 조성되는 셈이다.

Ace는 1로만 계산하고 10과 그림 카드는 모두 0으로 계산한다. 그 외의 카드는 모두 표시된 숫자로 계산한다. 합이 두 자리 숫자가 되면 10단위는 버리고 1단위만 유효한 숫자로 처리한다.

플레이어나 뱅커 사이드 중 어느 쪽이든 두 장의 합이 9, 8<sup>Natural</sup>이면 게임은 종료되며, 플레이어의 두 장의 합이 7일 때는 스탠드<sup>Stand</sup>이며, 양쪽이 모두 스탠드일 때 추가 카드 드로잉 없이 게임은 종료된다. 플레이어, 뱅커 양쪽 모두 스탠드보다 낮을 경우 플레이어가 먼저 한 장을 받으며 다음의 룰에 따라 게임을 진행한다.

○ Player

뱅커 카드의 합이 'Natural'이 아닌 경우 플레이어는 두 장의 카드 합이 5 이하가 되면 무조건 세 번째 카드를 받으며 다음의 규칙을 적용한다.

| 플레이어 처음 두 장 카드의 합 | Rule |
|---|---|
| 0, 1, 2, 3, 4, 5 (5 이하) | 3rd 카드를 받는다. |
| 6, 7 | 카드를 더 받지 않고 'Stand'한다. |
| 8, 9 | 'Natural'로 게임이 종료된다. |

○ Banker

- 플레이어가 6 또는 7로 스탠드 할 때 뱅커 두 장 카드의 합이 5 이하면 3rd 카드를 받는다.
- 플레이어 카드의 합이 'Natural'이 아닌 경우 뱅커는 두 장의 카드 합이 2 이하가 되면 무조건 3rd 카드를 받고, 다음의 규칙을 적용한다.

| 뱅커 처음 두 장 카드의 합 | 플레이어의 3rd 카드가 다음과 같을 때 | |
|---|---|---|
| | 받는 경우 | 받지 않는 경우 |
| 0, 1, 2 | 3rd 카드와 관계없이 받음 | |
| 3 | 0, 1, 2, 3, 4, 5, 6, 7, 9 | 8 |
| 4 | 2, 3, 4, 5, 6, 7 | 8, 9, 0, 1 |
| 5 | 4, 5, 6, 7 | 8, 9, 0, 1, 2, 3 |
| 6 | 6, 7 | 8, 9, 0, 1, 2, 3, 4, 5 |
| 7 | 'Stand'(카드를 더 이상 받지 않음) | |
| 8, 9 | 'Natural'(게임이 종료됨) | |

○ 타이(Tie)

| Player | Banker | Rule |
|--------|--------|------|
| 6, 7 | 6, 7 | Tie |
| 6 | 7 | Banker win |
| 7 | 6 | Player win |

9 또는 9에 가까운 Value를 가진 쪽이 Winner가 되며, 베팅
금의 한 배를 지불한다. Value가 같을 경우에는 무승부(Tie)가
되는데, 무승부일 경우 Tie에 베팅한 플레이어는 여덟 배를 받
게 된다.

## 바카라의 하우스 에지<sup>House Edge</sup>

1덱의 카드로 게임할 경우 Banker bet의 하우스 에지는
1.01%이고, 플레이어 벳의 하우스 에지는 1.29%, 타이는
15.75%이다.

6덱의 카드로 게임할 경우 878,869,206,895,680번의 조합이
가능하며, 이때 뱅커가 이길 확률은 0.458653, 플레이어가 이길
확률은 0.446279이고, 타이가 나올 확률은 0.095069이다. 뱅커
의 하우스 에지는 1.06%이고, 플레이어의 에지는 1.24%, 타이
는 14.44%, 페어는 11.25%이다.

〈6덱의 카드로 게임할 경우 하우스 에지〉

| Banker Bet – 6 Decks | | | | |
|---|---|---|---|---|
| Event | Pays | Combinations | Probability | Return |
| Banker wins | 0.95 | 403,095,751,234,560 | 0.458653 | 0.43572 |
| Player wins | -1 | 392,220,492,728,832 | 0.446279 | -0.446279 |
| Tie | 0 | 83,552,962,932,288 | 0.095069 | 0 |
| Total | | 878,869,206,895,680 | 1 | **-0.010558** |

초기 금액 50원으로 100원을 딸 수 있는 확률을 구해보면,

<목표 수익 달성 확률>

$$P(50,\ 100)\ =\ \frac{1-(0.446/0.459)^{50}}{1-(0.446/0.459)^{100}}\ =\ \underline{0.807921833}$$

**뱅커의 승률(p)=0.459일 때,**
50원으로 시작해서 1원씩 베팅하여 100원을 벌 수 있는 확률은
80.8%이다. 즉 뱅커 사이드에 베팅하면 80.8%의 확률로 수익을 두 배로
늘릴 수 있다. 다만 Tie가 나올 확률까지를 고려한 전체의 승률은
0.02695로 현저히 낮아진다. 결국 Tie(9.5%)에 의해 돈을 잃게 되는
셈이다.

초기 금액 50원으로 100원을 딸 수 있는 확률을 구해보면,

<목표 수익 달성 확률>

$$P(50,\ 100)\ =\ \frac{1-(0.541/0.459)^{50}}{1-(0.541/0.459)^{100}}\ =\ \frac{0.000269559063}{(\text{Tie 고려 시})}$$

〈6덱의 카드로 게임할 경우 하우스 에지〉[22]

| Player Bet – 6 Decks | | | | |
|---|---|---|---|---|
| Event | Pays | Combinations | Probability | Return |
| Banker wins | -1 | 403,095,751,234,560 | 0.458653 | -0.458653 |
| Player wins | 1 | 392,220,492,728,832 | 0.446279 | 0.446279 |
| Tie | 0 | 83,552,962,932,288 | 0.095069 | 0 |
| Total | | 878,869,206,895,680 | 1 | **-0.012374** |

| Tie Bet – 6 Decks | | | | |
|---|---|---|---|---|
| Event | Pays | Combinations | Probability | Return |
| Banker wins | -1 | 403,095,751,234,560 | 0.458653 | -0.458653 |
| Player wins | -1 | 392,220,492,728,832 | 0.446279 | -0.446279 |
| Tie | 8 | 83,552,962,932,288 | 0.095069 | 0.76055 |
| Total | | 878,869,206,895,680 | 1 | **-0.144382** |

| Pair Bet – 6 Decks | | | | |
|---|---|---|---|---|
| Event | Pays | Combinations | Probability | Return |
| Pair | 11 | 3,588 | 0.073955 | 0.813505 |
| No pair | -1 | 44,928 | 0.926045 | -0.926045 |
| Total | | 48,516 | 1 | **-0.11254** |

22) http://wizardofodds.com/

| Banker Bet - 8 Decks | | | | |
|---|---|---|---|---|
| Event | Pays | Combinations | Probability | Return |
| Banker wins | 0.95 | 2,292,252,566,437,888 | 0.458597 | 0.435668 |
| Player wins | -1 | 2,230,518,282,592,256 | 0.446247 | -0.446247 |
| Tie | 0 | 475,627,426,473,216 | 0.095156 | 0 |
| Total | | 4,998,398,275,503,360 | 1 | -0.010579 |

| Player Bet - 8 Decks | | | | |
|---|---|---|---|---|
| Event | Pays | Combinations | Probability | Return |
| Banker wins | -1 | 2,292,252,566,437,888 | 0.458597 | -0.458597 |
| Player wins | 1 | 2,230,518,282,592,256 | 0.446247 | 0.446247 |
| Tie | 0 | 475,627,426,473,216 | 0.095156 | 0 |
| Total | | 4,998,398,275,503,360 | 1 | -0.012351 |

| Tie Bet - 8 Decks | | | | |
|---|---|---|---|---|
| Event | Pays | Combinations | Probability | Return |
| Banker wins | -1 | 2,292,252,566,437,888 | 0.458597 | -0.458597 |
| Player wins | -1 | 2,230,518,282,592,256 | 0.446247 | -0.446249 |
| Tie | 8 | 475,627,426,473,216 | 0.095156 | 0.761248 |
| Total | | 4,998,398,275,503,360 | 1 | -0.143596 |

| Pair Bet - 8 Decks | | | | |
|---|---|---|---|---|
| Event | Pays | Combinations | Probability | Return |
| Pair | 11 | 6,448 | 0.074699 | 0.821687 |
| No pair | -1 | 79,872 | 0.925301 | -0.925301 |
| Total | | 86,320 | 1 | -0.103614 |

---

23) http://wizardofodds.com/

Baccarat Calculator[24]

<Shoe Composition 6 Deck>

| Rank | Count | Probability |
|---|---|---|
| 10s & Faces | 96 | 0.3076 |
| Aces | 24 | 0.0768 |
| 2s | 24 | 0.0768 |
| 3s | 24 | 0.0768 |
| 4s | 24 | 0.0768 |
| 5s | 24 | 0.0768 |
| 6s | 24 | 0.0768 |
| 7s | 24 | 0.0768 |
| 8s | 24 | 0.0768 |
| 9s | 24 | 0.0768 |
| Total | 312 | 1 |

⟨Overview⟩

| Outcome | Combinations | Probability | Return | | | |
|---|---|---|---|---|---|---|
| | | | Banker Bet | Player Bet | Tie Bet 8 to 1 | Tie Bet 9 to 1 |
| Banker wins | 403,095,751,234,560 | 0.458653 | 0.435720 | -0.458653 | -0.458653 | -.0458653 |
| Player wins | 392,220,492,728,832 | 0.446279 | -0.446279 | 0.446279 | -0.446279 | -0.446279 |
| Tie | 83,552,962,932,288 | 0.095069 | 0.000000 | 0.000000 | 0.760550 | 0.855618 |
| Total | 878,869,206,895,680 | 1.000000 | -0.010558 | -0.012374 | -0.144382 | -0.049313 |

---

24) http://wizardofodds.com/

| <Shoe Composition 8 Deck> | | |
|---|---|---|
| Rank | Count | Probability |
| 10s & Faces | 128 | 0.3076 |
| Aces | 32 | 0.0768 |
| 2s | 32 | 0.0768 |
| 3s | 32 | 0.0768 |
| 4s | 32 | 0.0768 |
| 5s | 32 | 0.0768 |
| 6s | 32 | 0.0768 |
| 7s | 32 | 0.0768 |
| 8s | 32 | 0.0768 |
| 9s | 32 | 0.0768 |
| Total | 416 | 1 |

〈Overview〉

| Outcome | Combinations | Probability | Return | | | |
|---|---|---|---|---|---|---|
| | | | Banker Bet | Player Bet | Tie Bet 8 to 1 | Tie Bet 9 to 1 |
| Banker wins | 2,292,252,566,437,888 | 0.458597 | 0.435668 | -0.458597 | -0.458597 | -.0458597 |
| Player wins | 2,230,518,282,592,256 | 0.446247 | -0.446247 | 0.446247 | -0.446247 | -0.446247 |
| Tie | 475,627,426,473,216 | 0.095156 | 0.000000 | 0.000000 | 0.761248 | 0.856404 |
| Total | 4,998,398,275,503,360 | 1.000000 | -0.010579 | -0.012351 | -0.143596 | -0.048440 |

# 6. 머신 게임(릴 머신, 비디오 머신)

오늘날 슬롯머신이라고 부르는 게임은 미국의 술집과 룸살롱에 설치되어 인기를 끌던 담배 자동판매기가 시초가 되었다고 전해진다. 동전을 넣으면 어떤 경우에는 담배가 두 개 나오고, 어떤 경우에는 나오지 않았는데, 만약 두 개 이상의 담배가 나오면 주위 사람들이 박수를 치며 환호해 주었다고 한다. 후에 경품을 제공해 주는 쪽으로 개발되면서 경품 획득 여부가 완전히 운에 달려있었기 때문에 '운의 게임$^{games\ of\ luck}$'으로 분류되었다. 이것이 모티브가 되어 승패에 따른 보상을 기계 안에 쌓여있는 동전으로 자동 지급하는 오늘날의 슬롯머신$^{slot\ Machine}$이 만들어졌다고 한다.

머신 게임은 크게 릴$^{Reel}$과 비디오$^{Video}$ 게임으로 구분된다. 릴 머신은 기계에 장착된 릴$^{Reel}$을 핸들이나 버튼을 사용하여 회전시키면 해당 게임의 결과가 나타나게 되는데, 그 결과가 정해진 시상 표와 동일한 조건을 갖추게 되면 그에 해당하는 배당금을 지급해 주는 방식이다.

비디오 머신은 게임 방식이 릴 머신과 동일하지만, 릴이 아닌 모니터 화면상에서 진행되는 것이다. IT 기술의 발전과 함께 최근에는 화려한 비디오 게임이 출시되는 추세로, 릴 머신보다 비디오 머신을 선호하는 경향이 있다. 예전에는 잭팟이 터질 경우 동전이나 현금을 사용했으나, 최근에는 음향 기술을 이용하고 인건비 절감 등 운영의 효율성을 도모하기 위해 티켓을 발행하여 현금 대용으로 사용한다.

그 외에 한 대의 머신을 단독으로 운영하여 잭팟이 당첨되었을 경우 시상금을 받는 개별 방식, 머신 기기를 여러 대 묶어서 여러 기기에서 누적된 시상금을 모두 지불하는 연결 프로그레시브 방식이 있다. 잭팟이 당첨될 경우 현금을 지급하는 것이 대부분이나, 일부는 자동차 등 상품을 지급하기도 한다.

슬롯머신은 특별한 룰 없이 적은 금액으로 즐길 수 있고, 엄청난 시상금이 터지거나 자동차 등을 경품으로 타기도 하므로 고객들이 쉽게 참여하는 게임이다. 그러나 잭팟 금액이 커질수록 당첨 확률은 낮아지고, 초기 액면 금액이 클수록 게임 자금도 빠르게 소진되기 쉽다. 따라서 게임 시간을 연장하기 위해서는 잭팟이 자주 터지는 머신을 찾아 액면 금액을 적게 베팅하는 것이 필요하다.

슬롯머신에서의 당첨 확률은 얼마나 될까? 슬롯머신의 화면을 보면 보통 세 개의 릴이 있다. 그리고 한 릴에는 20개 이상의 그림이 있다. 그 그림의 배열은 3개가 각기 다르게 만들어져 있다. 이런 경우 당첨 확률은 얼마나 될까?

〈그림 수별 머신 당첨 확률〉

| 릴 수 | 그림 수 | 조합 수 | 당첨 확률(이론적) |
|---|---|---|---|
| 3 | 10 | 1,000(10×10×10) | 1/1,000=0.001 |
| 3 | 20 | 8,000(20×20×20) | 1/8,000=0.000125 |
| 3 | 30 | 27,000(30×30×30) | 1/27000≒0.0000370 |
| 3 | 50 | 125,000(50×50×50) | 1/125,000=0.0000080 |

그림의 수가 늘어날수록 당첨 확률은 급격히 감소하는 것을 볼 수 있다. 만약 플레이어에게 재미를 주기 위해 적은 금액을 자주 당첨해 주기를 원한다면, 그림 수를 줄이거나 해당 그림 수에 잭팟 그림의 숫자를 증가시키면 된다. 그러면 수학적 확률이 높아지기 때문이다.

### 배당률(환급률)

우리가 보통 말하는 잭팟 금액, 당첨금이라는 것은 배당률 또는 환급률에 의해 결정되는 것으로, 머신 게임의 경우에는 보통 90% 이상이다. 즉 10%만이 카지노 운영 회사의 수익이 되고,

나머지 90%는 고객에게 되돌려 주는 금액인 것이다.

라스베이거스는 75% 이상, 애틀랜타는 82% 이상의 반환율이 법적으로 규정되어 있으며, 우리나라는 라스베이거스와 동일하게 75% 이상으로 규정하고 있다. 그러나 실제 강원랜드는 92% 이상으로 운영하고 있다.

90%의 반환율이라는 것은 쉽게 설명하자면 누군가가 10,000원을 투입하여 게임을 하였다면 1,000원은 회사 몫이고 9,000원은 되돌려 받는다는 것을 의미한다. 1명의 게임자가 한 번에 100원씩 세 시간 게임을 하였다고 가정할 때, 90%의 환급률로 계산하면 고객은 5,400원을 잃는다.

---

**<환급률에 따른 이론적 기대 손실>**

◦ 투입금 = 100원 × 3시간 × 3회(1분 20초) × 60분 = 54,000원
◦ 당첨금 = 54,000원 × 0.9 = 48,600원
◦ 손실금 = 54,000원 − 48,600원 = 5,400원

---

그러나 슬롯머신은 슬롯머신을 컨트롤하는 컴퓨터 등의 '무작위 숫자 발생기random number generator,'라는 엔진에 의하여 게임이 진행되도록 만들어져 있기 때문에, 누구도 잭팟을 예측할 수 없다. 또 당첨 확률은 게임 종류에 따라 다르고 언제 터질지 모르게 구성되어 있으므로 생각보다 돈을 따기 쉽지 않다. 베팅금이 크고 운이 좋지

않을 경우에는 훨씬 더 많은 금액을 순식간에 잃게 되기도 한다.

라스베이거스의 1$짜리 기계의 경우 약 1,200만 번을 회전시켰을 경우($12,000,000,000)에 실제 배당률이 이론적 반환과 일치한다고 한다. 1명의 고객이 1,200만 번을 회전시키기 위해서는 적어도 7.6년을 한 번도 쉬지 않고 계속 게임을 해야 한다. 머신에서의 환급률은 잭팟 시상금을 포함한 수치로, 언젠가 누군가에게 터질지 모르는 보험금 정도로 생각하면 되는 것이다. 말 그대로 '운'이 좋아야 큰 금액이 터지는 것이다.

열 시간 게임을 했을 경우 슬롯머신과 다른 게임을 비교할 때 기대 손실은 다음과 같다. 우리가 미처 알지 못하는 사실은 동일 시간 게임을 할 때 다른 게임보다 머신 게임의 경우가 손실이 가장 크다는 점이다.

〈열 시간 게임 했을 경우 평균 손실〉[25]

| 게임 종류 및 리미트 | 손실금액 |
| --- | --- |
| Slots, $1.00(2-coin game) | $800 |
| Slots, $0.25(3-coin game) | $360 |
| Video Poker, $0.25(5-coin game) | $125 |
| Mini Baccarat, $5/h. | $80 |
| Roulette, $5/spin | $79 |
| Blackjack, $5/hand | $25 |
| Craps, $10/round ($5 Pass, $5 odds) | $25 |

참고로, 미국 라스베이거스에 있는 **Megabucks** 기종(연결 프로 그레시브)의 시상금은 8백만~3천 3백만 달러(한화 360억 원) 정도인데, 잭팟 확률은 49,836,032분의 1이다.

〈미국 머신 종류별 배당 확률 및 당첨금〉[26]

| Name | Jackpot Amount | Odds(배당률) | Source |
|---|---|---|---|
| Red White &Blue | 2400 coins | 1 in 262,144 | Wizard of Odds |
| Double Diamond | 2500 coins | 1 in 46,656 | Par sheets obtained by Canadian researchers |
| Blazing 7's | 5000 coins | 1 in 93,312 | Bally's par sheet |
| Phantom of the Opera | 5000 coins | 1 in 114,131 to 1 in 155,345 | Par sheets obtained by Canadian researchers |
| Double Strike | 5000 coins | 1 in 500,000 | Wizard of Odds |
| Money Storm | 10,000 to 50,000 | 1 in 2,188,411 | Par sheets obtained by Canadian researchers |
| Lucky Larry's Lobstermania | 10,000 to 50,000 | 1 in 8,107,500 | |
| Megabucks | $8 to $33 million (progressive) | 1 in 49,836,032 | John Robison in Casino City Times |

Note that there are often different versions of machines with same name, do the numbers above might not apply to every flavor of the named machine. What you should take from this is that as the jackpot goes up, so does the difficulty in actually hitting it.

---

25) http://wizardofodds.com/
26) http://wizardofodds.com/

〈강원랜드 운영 머신 현황 및 배당률〉

| 구분 | 릴 머신 | 비디오 머신 |
|---|---|---|
| 배당금 | 규정상 75% 이상 배당(실제 배당률은 92.5% 이상) | |
| 하우스 에지 | 약 7.5% | |

○ **전자테이블 게임**

테이블 게임은 딜러와 플레이어가 대면하여 게임을 한다. 여러 사람이 하나의 테이블 주변에 함께 모여 게임에 참여한다. 이에 비해 전자테이블 게임은 한 명의 딜러 또는 무인으로 게임이 진행되며, 플레이어는 각자의 자리에서 터미널로 베팅을 한다.

코로나19 이후 점점 사용 선호도가 좋아지는 추세이다. 혼자서 게임을 즐길 수 있는 비대면 게임이라는 점에서 향후 테이블 게임을 대체할 가능성이 높고, 무인으로도 운영할 수도 있어 인건비를 절약할 수도 있어 활용도가 높아질 것으로 예상된다.

# 7. 카지노 회사의 기대수익

카지노는 확률 게임이라는 말은 누구나 인정한다. 그러나 카지노를 하면 할수록 손실이 왜 더 커지는지 의아해하는 게임자가 많다. 그것은 게임에는 기댓값이 있다는 사실을 간과하기 때문인데, 기댓값이란 내가 어떠한 확률에 베팅했을 때 얻을 수 있는 것으로서, 베팅에 대해 기대하는 금액을 말한다.

즉 기댓값이란 어떤 사건이 일어날 때 얻어지는 양과 그 사건이 일어날 확률을 곱하여 얻어지는 가능성의 평가로서, 기댓값이 1보다 크면 큰 만큼 이익이고, 1보다 적으면 적은 만큼 손실을 의미한다.

예를 들어, 동전의 앞면이 나오면 500원을 얻고, 동전의 뒷면이 나오면 300원을 잃는 경우에는 100원의 이익을 기대할 수 있다.

> 기댓값 = {1/2(앞면) × 500원) - (1/2(뒷면) × 300원} = 100원

주사위를 가지고 6이라는 값이 나오면 300원을 얻고, 5라는 숫자가 나오면 200원을 얻으며, 나머지가 나오면 150원을 잃는 게임을 한다고 할 경우의 기댓값은 -16.67원이다.

> 기댓값 = {1/6 × 300원) + (1/6 × 200원) - (4/6 × 150원)}
> = - 16.67원

룰렛의 예를 들어 설명하면, 룰렛 스트레이트 벳의 경우 1개의 싱글 넘버에 당첨될 확률은 2.63%이나, 원금 포함 배당은 서른여섯 배를 지급함으로써 94.7%를 고객이 가져갈 수 있도록 되어 있고(고객에게 배당되는 값, 환급률이라 한다), 반면 홀짝 Odd or Even베팅의 경우 확률은 0과 00을 제외한 47.37%로 원금 포함 두 배를 지급함으로써 역시 94.7%를 고객이 가져갈 수 있다(환급률을 제외한 나머지, 카지노 어드밴티지(승률)는 5.26%인 것이다).

〈게임 종류별 기댓값(환급률) 기준 예시〉

| 종류 | 베팅 | 배당률 | 원금+배당 | 확률 | 환급률 (기댓값) |
|---|---|---|---|---|---|
| 룰렛 | Single Number Bet | 1:35 | 36배 | 2.63%(1/38) | 94.7% |
| | Two Number Bet | 1:17 | 18배 | 5.26%(2/38) | 94.7% |
| | Three Number Bet | 1:11 | 12배 | 7.89%(3/38) | 94.7% |
| | Corner Bet(4개 번호) | 1:8 | 9배 | 10.53%(4/38) | 94.7% |
| | Five Number Bet | 1:6 | 7배 | 13.16%(5/38) | 92.1% |
| | Line Bet | 1:5 | 6배 | 15.79%(6/38) | 94.7% |
| | Column Bet | 1:2 | 3배 | 31.58%(12/38) | 94.7% |
| | Dozen Bet | 1:2 | 3배 | 31.58%(12/38) | 94.7% |
| | Odd or Even N. Bet | 1:1 | 2배 | 47.37%(18/38) | 94.7% |
| | Red or Black N. Bet | 1:1 | 2배 | 47.37%(18/38) | 94.7% |
| | Low or High N. Bet | 1:1 | 2배 | 47.37%(18/38) | 94.7% |
| 바카라 | Player | 1:1 | 2배 | 49.32% | 98.6% |
| | Banker(5% 커미션) | 1:0.95 | 1.95배 | 50.68% | 98.8% |
| 블랙잭 | - | 1:1 | 2배 | 49.50% | 99.0% |
| 머신 | 릴, 비디오, 포커 | - | | 75~99% | |

위와 같이 카지노 게임은 수학적 확률과 경험적 확률에 근거하여 기댓값(환급률)이 (-)가 되도록 고안된 것이다. 즉, 수학자가 통계적인 방법으로 카지노에 유리하도록 고안된 고도의 상품인 것이다. 그것은 수천, 수만 아니 수조 번의 경험을 포함하므로 그 과정에서의 운이 포함되어 있고, 약간의 기술력도 필요하도록 되어 있다. 운은 오랜 시간 반복하면 확률(통계)로 나타나는데, 이 확률 자체가 플레이어에게 불리하도록 만들어져 있는 것이다. 이 차이를 '하우스 어드밴티지' 혹은 '에지(edge: 하우스가 가지는 수학적 승률)'라고 한다. 어떤 종류의 게임은 갓난

아이가 하거나 성숙한 어른이 하더라도 결과가 비슷하게 나올 수 있다. 심지어 머신의 경우에는 원숭이가 하더라도 성숙한 어른보다 좋은 결과를 낼 수도 있다. 거기에 엄청난 횟수의 확률이 숨겨져 있으며, 운이 작용하기 때문이다. 한마디로 '운명의 장난'을 확률로 만들어 놓은 것이라 표현할 수 있다.

따라서 확률을 높이는 방법 없이 그냥 단순하게 게임을 해서는 시간이 갈수록 금전적 비용을 지불할 수밖에 없다. 일반 시설은 사용료를 별도로 지불하지만, 카지노는 게임하는 과정에서 자연스럽게 영업장 사용료를 떼고 지불하도록 만들어져 있는 것과 같다. 이러한 카지노 기대수익은 다음과 같은 공식으로 계산한다.

> 카지노 기대수익 = 평균 베팅금 × 게임 시간 × 게임 회전수 ×
> 카지노 어드밴티지(하우스 에지)

다른 말로 표현하면, 게임 참여자의 베팅금이 클수록, 오랜 시간 동안 게임을 할수록, 게임이 빨리 진행될수록, 카지노 어드밴티지(하우스 에지)가 높은 게임일수록 많은 금액을 잃게 된다.

운이 아주 좋든지, 아니면 실력이 아주 좋아 이러한 공식을 극복할 수 있는 자만이 카지노를 이용하면서 사용료를 지불하지 않고 게임을 즐길 수 있으며, 부가적으로 시간과 금전적 투자에 대한 부수적인 수익(투자 수익)도 얻을 수 있다.

# 4

♥ ♠ ♦ ♣

## 카지노 게임의 특성과

## 카지노를 하는 게이머의 심리

# 1. 카지노 게임의 투자 가치

## 1) 인생 자체가 모험이고, 삶의 환경 자체가 도박장이다

사람은 태어날 때 부모의 유전자를 물려받는다. 수십억 개 이 상의 정자 중 살아남은 자만 태어날 수 있는 축복(잭팟)을 받는다. 이렇게 축복받은 사람이 지구상에 70억 명이나 된다. 그리고 보이지도 않을 만큼 작은 크기의 생명체가 커서 뼈대가 만들어지고 걸어 다니고 성장해서 수백 배 수천 배나 커진 몸을 갖게 된다. 초기의 모습에 비해 너무도 엄청난 변신을 하는 것이다. 어찌 보면 기적 같은 일이지만, 우리는 살아가면서 이러한 과정과 모습을 너무나도 당연한 듯 받아들이면서 살고 있다.

우리가 살고 있는 자본주의 사회를 돈이 돈을 낳는 하나의 거대한 도박장으로 묘사하는 비유가 있다. 이는 자본주의의 본질을 핵심적으로 간파하고 있는 것처럼 보인다. 우리 인생의 부와 명예를 결정하는 투자 대상인 주식, 채권, 부동산 등은 본인이 예상치 못한 또는 알 수 없는 우연에 의해 변동될 수 있다. 본인의 운명과 미래를 결정하는 투자 행위가 마치 카지노 게임에 베팅하는 것처럼 운에 의해 좌우되는 것이다.

이러한 환경에서 살고 있는 우리 자신은 부채에 허덕이면서도 생존을 위해 어쩔 수 없이 부동산, 주식 투자 등에 자신의 운명을 맡기고 마음 한편에서 은밀하게 대박을 꿈꾸는 '도박자'라는[27] 말에 매우 공감하지 않을 수 없다.

성공한 사람들은 누구나가 정도의 차이가 있을 뿐이지 운이 좋았다는 대답을 한다. 그것은 인생, 삶 자체가 복잡하고 다양해서 성공도 운에 의해 결정되는 경우가 많기 때문이다. 인생살이 자체가 모험이고, 삶의 환경 자체가 도박장이다. 여기에서 성공하는 사람은 '운칠기삼'을 갖춘 사람이 아니겠는가. 그런 의미에서 카지노만이 도박장이라는 생각은 너무나 협소한 생각이 아닐까 한다.

## 2) 투자로서 카지노 게임의 가치

경제학적인 용어로 투자는 장차 얻을 수 있는 수익을 위해 현재 자금을 지출하는 행위를 의미한다. 부동산 투자, 주식 투자라는 말은 이제 일상화가 된 용어이다.

---

27) 이승철, 「"도박자"의 인류학을 위한 연구 노트」, 『문학과 사회』, 2018, pp.311-326.

투자와 투기는 무엇이 다른가? 근본적으로 자본이 투하되어 확대 재생산된다는 점에서는 같다. 다만 이성(합리성)에 의해 지배되는 행위는 투자이고, 그렇지 못한 것은 투기라고 구분 지을 수 있다.

도박과 게임은 무엇이 다른가? 근본적으로 게임에 참여하여 유희를 즐긴다는 점에서는 같다. 마찬가지로 이성에 의해 지배되는 유희는 게임이고, 그렇지 못한 것은 도박이라고 할 수 있다.

그렇다면 어떠한 행위가 이성적인 행위인가? 주식 투자에 있어서 이성적인 행위란, 투자의 대상인 기업이 무엇을 하는 회사인지, 이익의 규모는 어느 정도인지, 향후 발전 가능성은 어떤지 등을 감안하여 투자를 결정하는 것을 의미한다. 최소한 투자로 인해서 벌어들일 수 있는 이익과 배당으로 인한 수익 정도는 파악하고 투자하는 것이다.

투자에 있어서 기본적인 원칙 측면에서 볼 때, 간단하면서도 합리적인 판단을 내리는 데 도움이 되는 첫 번째 기준은 위험 대비 수익률을 따져 판단하는 것이다.

주식 투자의 위험은 하루 등락 범위가 원금의 ±30%이므로, 하루 투자 시 최대 잃어버릴 수 있는 금액은 원금의 60% 수준이다. 물론, 거래 횟수를 늘리게 되면 그 이상도 잃어버릴 수 있다. 주가는 1초 단위로 수시로 사고팔 수 있어 값이 시시각각 변하기도 한다.

반면에 부동산은 1일 거래로 사고파는 것이 어렵다. 투자 금액이 수억 원 정도로 대규모이기 때문이다. 아울러 부동산은 비교적 오랜 기간 투자를 해야 수익이 결정되는 구조이다. 적은 돈으로는 투자할 수 없다.

이에 비해 카지노는 게임에서 한판 승부로 결정된다. 투자에 따른 위험은 게임에 참여하는 베팅금을 잃어버릴 경우 즉시 원금의 100%가 손실되는 구조이다. 반면 주식이나 부동산은 한번 베팅으로 바로 원금이 손실되지는 않는다. 적어도 원금이 손실되기까지는 일정 기간이 소요된다. 물론 확률에 따라 다르지만 이겼을 경우, 테이블 게임의 배당금은 한 배~백오십 배까지 받을 수 있다. 카지노는 손실은 (-)100%이나 (+)수익은 극대화할 수 있는 구조이다. 주식이나 부동산의 가격이 오르기 위해서는 가격이 오를 만한 정보와 정책이 수반되어야 하며, 정보 조사를 위한 노력, 적정 시기 판단 등 호재가 존재해야 한다. 수익을 극대화하기 위해서는 장기간이 필요하다. 그러나 카지노 게임은 그러한 노력이 필요 없다. 머신 게임의 경우에는 수백~수만 배까지 받을 수도 있다. 그저 게임의 룰 안에서 베팅하면 결과가 도출된다.

<투자 대안의 비교>

| 구 분 | 부동산 | 주식 | 복권 | 카지노 게임 |
|---|---|---|---|---|
| 투자 금액 | 3억~10억 | 1천만 원~1억 | 10만 원 | 50만 원 |
| 투자 기간 | 3~10년 | 1개월~1년 | 1주일, 즉석 | 1일, 1회 |
| 배당금 | 수~수십 배 | 수~수십 배 | 수만~수십 만 배 | 테이블 게임 (1~150배) 머신 게임 (수백~수천 배) |
| | | ±30%(1일) | | 1.2~10% |
| 위험 | 망해도 실물은 남는다. | 휴짓조각이 될 수 있다. | 안 맞으면 꽝 | 흔적이 없다 |
| 용도 | 주거 및 사업 영위 | 기업 지원 | 기금 창출 (서민 지원) | 기금 창출 (지하경제 양성화) |
| 목적 | 재테크 | 재테크 | 재테크 | 유희+재테크 |

두 번째 투자 원칙으로 검토해볼 수 있는 기준은 '투자 기간' 이다.

주식은 실시간으로 움직인다. 오르고 내리기를 반복하면서 일 정 정도 방향성이 결정된다. 주식은 기본적으로 단타로 하는 경 우에서 장기적으로 투자하는 경우처럼 어느 정도 투자 기간이 필요하며 순간적으로 사고파는 것은 가격의 변동 폭이 작아 거 의 의미가 없다.

카지노는 잃고 따는 승부가 지금 현재 진행하는 한 판으로 결정된다. 주식 혹은 부동산의 투자 기간보다 카지노의 투자 기간은 매우 짧다는 특징이 있다. 카지노를 도박이라고 표현하는 가장 큰 이유는 바로 한 판, 짧은 승부이기 때문이라고 할 수 있다. 그러나 경우에 따라서는 주식 시장에서 단타 매매를 하는 기술적 투자가 오히려 더 도박처럼 느껴지기도 한다.

투자 기간 외에도 투자에 대한 정확한 정보도 중요하다. 카지노는 일단 베팅하면 다음 카드 또는 기계에 의해 결정되므로 투자에 대한 정보 수집을 할 수 없다는 점에서 '알 수 없는 부분'을 많이 가지고 있다. 머신의 경우는 베팅하고 나서 그냥 기계에 맡겨야 하듯 대체로 운에 맡겨야 한다. 복권은 당첨금은 엄청 크지만, 카지노에 비해 당첨 확률은 매우 낮다. 그럼에도 불구하고 1주일에 한 명 정도는 1등이 당첨된다.

부동산에 투자하면 실패해도 유형의 무언가는 남는다, 주식은 회사가 파산하기 전까지는 액면의 가치를 가지고 있다. 사회적 가치 측면에서 주식 투자는 기업을 살려 고용도 창출하고 경제도 살릴 수 있다. 국가적인 차원에서 보면 주식 투자가 가장 가치가 높아 보인다.

주식과 부동산이 유형의 무엇이라면 카지노 게임은 무형의 그것이라는 점도 다르다고 할 수 있다. 굳이 이야기한다면 카지노는 여러 번 게임에 참여하게 되면 그 과정에서 수많은 극적인 경험과 스토리를 경험한다. 즉 카지노는 스토리텔링이 가능한 여가라는 점에서 근본적으로 돈을 벌기 위한 투자와는 다른 성격을 가지고 있다. 그러나 게임 과정에서 자아를 살펴볼 수 있고, 짧지만 인생의 우여곡절을 느낄 수 있는 한 편의 드라마를 본다고 생각한다면 결코 나쁜 투자는 아니다. 카지노 투자는 개인의 경험에 투자한다는 측면이 강하다.

그럼 어느 것이 더 좋은 투자인가? 부동산이 좋은가, 주식이 좋은가, 복권이 좋은가, 카지노가 좋은가?

만약 순수하게 돈을 벌기 위해서 투자를 하려거든 부동산이나 주식을 추천한다. 수익률, 위험률, 투자 기간 등을 고려할 때, 한판 승부로 결정되는 게임보다는 덜 위험하고, 그냥 운에 의해 맡기기보다는 본인의 노력 여하에 따라 알 수 있는 부분이 많기 때문이다.

투자란 본질적으로 위험을 정해서 그 위험에 상응하는 이익을 얻는 것이라고 볼 때, 카지노를 투자로 간주할 수 있는 요소가 있음은 틀림이 없다. 장점에 주목한다면 주사위 게임의 승률 48.6%는 부동산보다 혹은 주식보다 더 높을 수도 있다. 그리고 투자 기간도 훨씬 단축할 수 있고, 한 번의 베팅으로 원금의 수십 배의 배당금을 받을 수도 있다. 이러한 투자의 매력을 부동산이나 주식은 가지고 있지 않다.

카지노가 가지고 있는 투자의 최고 매력은 역시 즐겁게 놀 수 있다는 것이다. 관광, 쇼핑, 외식, 골프, 스키, 수영, 놀이 기구, 산책 등의 여가를 보낸 후 야간에 시간을 보내기 위해 게임장을 찾는다면 노동에서 벗어나 행복한 시간을 보낼 수 있는 것이다.

부동산이나 주식 등의 투자는 말 그대로 돈을 벌기 위한 투자라는 점에서 그 목적 자체에 차이가 있다. 카지노는 원래 중세 귀족들의 사교를 위한 목적에서 출발했다가 이제는 사교 목적은 희미해지고 게임을 즐기면서 돈까지 벌 수 있는 투자 기능에 더 초점이 맞추어져 간다.

다시 한번 생각해 보자. 어느 것이 더 좋은 투자라고 생각되는가?

짧게 하루 아니면 10년 또는 20년 장기 투자를 할 경우에는 어느 것이 더 좋은 투자(안)일까? 상황을 바꿔 만약 내일 죽는다면 어떠한 것이 더 좋은 투자일까? 돈이 많아서 더 이상 돈이 필요하지 않은 사람에게는 어느 것이 더 좋은 투자일까?

결론을 내보자. 카지노 게임의 원리는 본질적으로 투자의 원리와 같은 점이 있다. 카지노 게임에서 슬롯머신의 기댓값은 원금의 92% 수준이다. 따라서 게임을 오래 할수록, 즉 시도 횟수를 높이면 당첨의 확률은 높아진다. 누군가는 잭팟을 가져갈 수 있는 구조이다. 카드 게임의 경우 확률이 이미 정해져 있다. 50% 미만이어서 카지노 회사에 유리한 구조로 되어있다. 하지만 미리 계산할 수가 있고, 승률이 높은 곳에 지속적으로 여러 번 베팅하면 돈을 딸 가능성은 그만큼 높아지게 된다. 즉 카지노 게임에서 위험을 분산시킬 수 있는 수단과 방법을 연구하여 승률을 높이고 게임의 확률을 높인다면, 돈을 딸 가능성을 높일 수 있다. 거기에 추가로 얻을 수 있는 것이 있다. 카지노 회사는 게임 시간 및 베팅 회전수에 따라 콤프라는 무료 서비스 마일리지를 적립해 준다. 그 마일리지로 먹고 자고, 쇼핑까지 할 수 있다. 게임에 대한 투자 외 부가적으로 얻는 수입으로 플러스알파[+a]인 셈이다. 물론 많은 시간 게임을 해야 금액도 커진다. 보통은 게임 금액의 15~20% 정도 적립이 된다.

투자에 많은 공부가 필요하듯이, 카지노 게임에서 돈을 따기 위해 많은 노력과 경험이 필요한 것은 당연한 이치이다. 그냥 운에 맡긴다면 돈을 따는 것도 운에 맡겨야 한다. 그럼에도 불구하고 돈을 따고 싶다면 땄을 때 그만두거나, 목표 금액을 적게 잡고 확률을 높여 게임을 해야 한다.

게임에서 이성적인 행위란 그 게임의 특성과 룰을 파악하고, 그 게임에서 이길 확률이 얼마인지, 배당은 몇 배를 하는지를 따지고 판단하여 베팅하는 것을 의미한다. 도박은 마음 내키는 대로 그냥 한판 찍는 것을 말한다.

주식에서 가치 투자를 하는 사람들이 있다. 한마디로 유망한 사업 분야의 1등 기업에 중장기적으로 투자하는 것이다. 반면, 차트만 보고 매매를 하는 '단타'로 수익을 올리는 사람들이 있다. 단타는 기업의 가치를 보지 않고 그저 머신 게임기를 돌리듯이 하는 측면이 있다. 결국 주식을 카지노 게임보다도 더 위험하게 하는 사람들이 많다.

주식에서도 확률을 높여가는 방법이 있다. 호재가 될 만한 양질의 정보가 있는지, 기술적으로 t신호가 햇빛에 해당하는지, 거래량이 증가했는지, 외국인 또는 기관이 사고 있는지 등등 여러 가지 정보를 조합하여 비교·판단하는 것이다.

투자로서의 게임, 게임으로서의 투자 중에서 우리는 게임을 할 것인가 아니면 도박을 할 것인가. 선택은 각자 스스로의 몫이다.

# 2. 카지노 게임의 특성 및 게이머의 심리

## 1) 왜 이토록 열심히 플레이할까? 몰입은 일상 속에서 찾을 수 있는 행복이다

많은 사람이 몰입을 행복의 도구로 손꼽는다. 베토벤은 "괴로운가? 무언가에 몰두하라. 그것이 불행을 잊는 가장 좋은 방법이다."라고 했고, 긍정학자 칙센트미하이는 책 『몰입$^{flow}$』에서 "수많은 사람이 증언한 정말 즐겁고 만족했던 경험은 무언가에 집중해 내 존재 자체마저 잃어버린 순간"이라며 몰입은 누구나 일상 속에서 찾을 수 있는 행복이라고 말했다.

행복에 대한 일말의 힌트를 찾기 위해 어린 시절을 떠올려 본다면, 대부분은 친구들과 함께 걱정 없이 뛰어놀았던 추억을 잊지 못한다. 겨울철 눈 덮인 야산에서 토끼잡이를 하거나, 골목길 희미한 가로등 아래 전봇대에 기대어 술래잡기를 하던 때를 기억한다. 많은 사람이 그 시절을 회자하며 행복했던 순간으로 기억하는 이유는 '놀이'라는 몰입 매개체와 함께 친구라고 하는 '사회적 관계'가 형성되어 있었기 때문일 것이다.

## 2) 카지노 게임의 특성 및 게이머의 심리

   카지노 게임은 게임의 종류에 따라 발생할 수 있는 경우의 수가 일정한 틀로 고정된 경우가 많다. 하지만 그 안에는 롤러코스터와 같이 극적인 요소와 드라마적인 요소가 존재한다. 즉, 카지노 게임은 스토리텔링이 존재한다. 그 스토리텔링은 상호작용적이다. 물론, 머신 게임의 경우는 기계와의 게임이지만, 테이블 게임 대부분은 딜러와 게이머들 사이의 상호작용으로 만들어진다.

   카지노에 빠져드는 이유는 게임 대부분이 개발자가 만들어 놓은 고정된 틀 안에서 스토리를 조합, 변형하는 수준에서 반복되는 경우가 많지만, 게임 과정에서 예측 불허의 상황(스토리텔링)이 만들어지기 때문이다.

   게임의 가장 핵심적인 게임자의 경험적 차원에 대해 쉽게 표현하자면, 카지노는 그야말로 그 어떤 놀이보다도 재미를 느끼며 강하게 몰입할 수 있는 게임인 것이다.

   게이머 대부분은 바로 지금이라는 순간의 재미를 얻기 위해서 최선을 다한다. 재미와 관련해서 가장 널리 알려진 이론은 라프 코스터[Raph Koster]의 재미 이론인데, 그는 개인마다 재미를 느끼는 지점이 다르기는 하지만 게이머가 게임을 즐길 때 그 대상에 상당히 몰입한다고 하였다.

시카고 대학의 심리학자 미하이 칙센트미하이<sup>Mihaly Csikszentmihalyi</sup>는 저서 『플로우<sup>Flow</sup>』에서 몰입을 "사람들이 다른 어떤 일에도 관심이 없을 정도로 지금 하고 있는 일에 푹 빠져 있는 상태"로 정의했다.

카지노는 일반적으로 표현하여 금전의 획득, 승리감, 재미, 쾌감, 자기 성취감 등의 욕구 충족 기능을 가지고 있다. 그런데 카지노를 경험한 수많은 사람의 말을 빌리자면 이처럼 재미있고 무아지경으로 몰두하게 만드는 것은 아직 없다는 것이다. 베팅한 후 큰돈을 맞혔을 때 그 짜릿한 쾌감은 세상 어디에 가도 없던 경험이라고 생각하게 되며, 단순한 오락의 범위를 벗어나 자기 스스로 우월감과 성취감, 해방감, 기대감의 충족을 느끼게 된다는 것이다.

카지노 게임은 무조건 잃는 것이 아니라, 잃고 따는 반복을 거듭하면서 내가 확실히 승리했다는 것을 강렬하게 인식하고, 우월감과 해방감, 사행심을 강렬하게 충동시키게 된다. 그리고 다시 도전하여 잃게 됨으로써 이 반복 현상에 자신도 모르게 빠져들게 된다. 카지노 게임을 하다 보면 시간성에 대한 기존의 개념을 벗어나게 되며, 게임을 하지 않는 순간에도 계속 게임속 상황을 머릿속에 떠올리며 끊임없이 게임이 진행 중이라는 의식을 갖게 된다. 의식 속에 그 열망이 남아있게 된다. 이에 따라 게임자는 더욱 고강도 몰입으로 발전하게 되기도 한다.

카지노에서 졌을 때는 이를 극복하기 위해서 자신의 베팅 방법을 되돌아보고 반성하고 전략을 수정하는 등 자아 성찰의 기회를 갖는다. 자신을 책망하기도 하고, 원칙을 지키지 못한 자신을 원망하기도 한다. 그러나 그러한 감정을 극복하면서 재도전하게 된다. 이러한 에너지를 게임이 아닌 삶에 적용할 수만 있다면, 삶을 더 행복하게 하는 데 활용할 수 있다면, 카지노에 대한 투자는 이성적인 투자로서 자아 성찰의 효과를 좀 더 극대화할 수 있을 것이다.

# 5

♥♠♦♣

## 카지노와

## 행복의 역설

# 1. 행복이란?

## 1) 행복한 삶이란: 삶에서 만족과 기쁨을 찾는 것

누구나 행복한 삶을 원하고 추구한다고 하지만, 그 행복이 어떠한 개념인지 무엇을 추구해야 하는지 정확히 알고 삶을 사는 사람은 드물 것이다. 살면서 그냥 느끼고 경험하면 되는 것을 왜 어렵게 생각하고 판단하면서 살아야 하는지, 행복처럼 어렵고 골치 아픈 개념이 또 있을까 싶다.

학자들은 무엇이 행복을 결정하는 요인인지, 어느 것이 더 잘 설명하는지를 여러 가지로 연구해 왔다. 건강이 행복할 가능성을 15.3% 설명한다는 논의도 있고, 재산, 소득, 교육, 취미, 여가 등이 행복을 결정하거나 영향을 미치는 요인이 될 수 있다는 연구는 수도 없이 많다.

대다수의 연구에서 행복은 주로 개인 스스로의 삶을 어떻게 느끼고 평가하는가에 초점을 두고 '전반적인 삶에 대한 주관적 평가subjective appreciation of one's life-as-a-whole'로 측정되었다.[28]

행복하다는 것은 개인이 현재의 삶을 전반적으로 긍정적으로 평가한다는 것을 의미한다. 그렇다면 결국 개인의 전반적인 삶에 긍정적으로 영향을 미치는 삶의 질과 관련된 모든 문제가 행복을 결정하는 중요한 요인이 아닐까 싶다.

국어사전에서 행복을 "생활에서 충분한 만족과 기쁨을 느끼는 흐뭇한 상태"로 정의하는 것에 별 이견은 없다. 행복은 주로 '만족', '기쁨', '즐거움', '재미', '웃음', '보람', '가치', '평온함', '안정', '의욕', '희망' 등 긍정적인 느낌을 주는 단어들과 연결되는 개념이다. 단순하게 생각하면 **행복한 삶이란 '삶에서 만족과 기쁨을 찾는 것'** 정도로 표현할 수 있을 것 같다. 그렇다면 생활에서 충분한 만족과 기쁨을 느끼는 충만한 상태가 되기 위해서 우리 인생의 여정은 어떠해야 할까?

## 2) 나는 얼마나 행복한가, 행복 공식

영국의 심리학자 로스웰Rothwell과 인생 상담사 코언Cohen이 2002년 발표한 행복 공식이 대표적인 행복지수[29]라 할 수 있는데, 이들이 연구한 행복은 인생관·적응력·유연성 등 개인적 특성을 나타내는 P(personal), 건강·돈·인간관계 등 생존 조

---

28) Kalmijn and Arends, 2010.
29) 행복지수란 자신이 얼마나 행복한가를 스스로 측정하는 지수이다.

건을 가리키는 E(existence), 야망·자존심·기대·유머 등 고차원 상태를 의미하는 H(higher order) 등 세 가지 요소에 의해 결정된다고 하였다. 이 세 가지 조건 가운데서도 생존 조건 E가 개인적 특성인 P보다 다섯 배 더 중요하고, 고차원 상태인 H는 개인적 특성인 P보다 세 배 더 중요하다고 결론지었다. 즉 이 지수를 공식화하면 다음과 같다.

> 행복 = Personal + (5 × Existence) + (3 × Higher order)
> ◦ Personal: 개인적 특성
> ◦ Existence: 생존 조건
> ◦ Higher order: 고차원 상태

인간이 행복하기 위해서는 생존 조건인 건강·돈·인간관계 등이 다른 어떤 요소보다 중요하고, 행복하기 위해서는 이를 위해 노력해야 한다는 것쯤으로 이해할 수 있을 것 같다.

한편, 김명소·한영석(2006)은 이들의 산출 공식은 영국인을 대상으로 개발한 것이므로 문화적 특성과 가치관 및 욕구가 우리나라와는 상이하므로 이를 한국인에게 바로 적용하는 것이 무리가 따른다고 지적하였다. 또한 한국인이 생각하는 행복 요인과 서구문화에서 중요시되는 행복 요인이 다를 수 있으며, 만일 유사한 요인이 도출되더라도 그 상대적인 비중은 다를 수 있다고 주장하였다. 그러면서 Alderfer(1972)의 생존·관계·성장 욕구 위계 이론에 따라 한국인의 행복지수 공식을 개발하였다.

한국인의 행복 공식 = (2.5 × 생존) + (2.5 × 관계) + (5 × 성장)

여기서 주목할 것은 성장 욕구로 한국인의 행복 요인은 성장 욕구가 5배로 가장 높다는 것이다. 그만큼 한국 사회는 성장을 중요시하는 사회라는 것을 가늠해볼 수 있는 연구 결과이다.

## 3) 삶의 질quality of life과 행복

*행복감은 삶의 만족도 향상에 필수 요인*

삶의 질과 관련된 다양한 연구는 '정신적인 측면'에 초점을 두고 삶의 질을 다루며, 주관적 안녕이나 행복을 '삶의 질'과 동일시하는 경향이 있었다. 한국인에 있어 행복한 삶에 관한 관심이 구체적으로 나타난 것은 삶의 질에 대한 논의가 본격적으로 시작된 때부터라고 한다. 삶의 질에 대한 계량적이고 객관적 측면을 강조하는 입장에서는 주로 다양한 사회지표를 통해 삶의 질을 측정하는 전략을 연구한 반면, 주관적 측면에서는 개개인의 삶의 질에 대한 느낌, 혹은 행복감을 측정하는 것에 초점을 두었다. 즉, 경제적인 것만으로는 결코 인간에게 행복을 가져다 줄 수 없다는 점에 주목하였다.

대다수 삶의 질 연구자들은 삶의 질은 다양한 측면의 요인들이 상호작용함으로써 결정되며, 삶의 질 향상을 위해서는 환경적 자원과 사회경제적 자원, 그리고 주관적 만족감을 동시에 고려해야 한다는 점을 지적하였다. 그럼으로써 GNP 성장 지상주의만을 강조하던 측면에서 탈피하였다는 점에서 큰 의의를 갖는다.

다양한 선행 연구 결과를 종합해볼 때, 삶의 질에 미치는 요소는 경제적 요소economic factors, 사회관계적 요소social factors, 사회심리적 요소social psychological factors, 환경적 요소environmental factors, 제도적 요소institutional factors, 신체적 또는 인구학적 요소physical or demographic factors 등으로 구분 지을 수 있었다.

경제적인 것으로는 소득 및 생활 수준, 주택, 학력, 여가, 직업 등이 있고, 사회관계로는 친구 관계, 결혼 생활, 가족생활, 이웃 관계 등이 있으며, 사회심리적인 것으로는 성격과 문화를 들 수 있다. 환경적인 것에는 환경, 재난, 거주지, 치안 등이, 제도적인 것으로는 민주주의와 사회보장을 들 수 있으며, 마지막으로 신체적 또는 인구학적 요소로는 건강, 연령, 성 등을 들 수 있다.

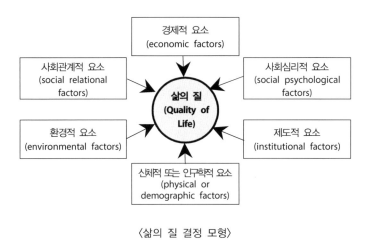

〈삶의 질 결정 모형〉

이러한 삶의 질 결정 모형에서 행복감은 삶의 만족도를 향상
하기 위한 필수 요인이다.

## 4) 카지노와 행복감

그렇다면 행복한 감정을 얻기 위해 찾을 수 있는 가장 원초적
인 감정은 어디에서 출발하는가? '삶에서 만족과 기쁨 찾기', 그
것은 놀이 등을 통한 즐거운 감정의 발산을 통해 촉발될 수도
있을 것이다.

사람들은 카지노 게임을 접하면서 호기심을 느끼고, 게임에 참가하면서 몰입감을 느낀다. 또 게임에서 이겼을 경우 강한 기쁨과 함께 만족감을 느끼게 된다. 여러 명이 함께 방문하였을 때는 함께 같은 게임 문화를 공유한다는 측면에서 서로 즐거움을 느끼기도 한다. 즐거움은 다양한 좋은 감정과 환경이 서로 조화를 이루고 있는 상태를 의미하기 때문이다.

게임을 하는 과정에서 점차 그 게임에 몰입하게 되는 몰아지경으로 빠져들게 된다. 그러한 몰입의 상태에서 본인이 오랜 시간 동안 원하는 바와 일치되게 되거나 모든 돈을 잃고 난 후 마지막 승부수를 띄우는 극적인 상황의 베팅에서 잭팟이 터지게 되면 환호와 함께 엄청난 희열의 감정을 느낀다. 벼랑 끝에서 뛰는 것보다 더 큰 강렬한 기쁨으로 인해 저절로 환호성을 지르게 된다. 예를 들면, 룰렛의 숫자를 정확히 맞히어 서른다섯 배를 지급받는다든지, 주사위 게임에서 백오십 배에 당첨된다든지, 슬롯머신에서 큰 금액의 잭팟이 터졌을 때, 본인의 판단하에 결정한 중대한 베팅이 윈$^{Win}$되었을 때는 강렬한 기쁨을 넘어 엄청난 희열을 느끼게 된다.

이처럼 재미와 즐거움에서 얻어진 행복의 감정을 '헤도닉 행복 hedonic happiness'이라고 한다. 헤도닉 관점에서 행복은 기쁨이나 즐거움과 동일시된다. 카지노 게임은 헤도닉 행복의 요소를 충분히 갖추고 있다.

인간은 다양한 욕구를 지닌 복합적 존재이며, 의미 있는 가치 지향적인 행위를 추구한다. 그러기 때문에 카지노 게임을 통해서 얻고자 하는 것은 즐거움만이 아니다. 카지노 게임을 하다 보면 좋음이 만족감으로, 만족감은 더 강한 기쁨의 감정으로 발전하며, 그것이 결국 아무런 방해도 받고 싶지 않고 게임에만 집중하는 몰입감으로 연결되기도 한다.

한편, 좋은 느낌에 대해 주관적으로 긍정적인 평가를 할 경우에는 보람이라는 감정을 느끼게 되고, 그 가치를 객관적으로도 인정받을 때는 가치감을 느끼게 되는데, 이 부분에서 카지노 게임은 상대적으로 빈약하다. 즉, 카지노 게임을 하면서 보람이나 가치감을 느낀다고 표현하기에는 어색한 측면이 있다. 이것은 카지노 게임을 하고 난 후의 행동 패턴을 보면 알 수 있다. 카지노는 몰입이 주는 강한 감정으로 말미암아 카지노 이외의 것에는 신경을 쓰지 않게 되거나 소홀해지는 경우가 있어, 오랜 시간 게임을 하고 나면 보람을 느끼기보다는 후회감을 느끼며, 가치감을 느끼기보다는 죄의식을 느끼는 경우가 더 많다. 이로 인해 카지노와 함께 사회적으로 낙인 효과가 생성될 가능성이 높다.

좋음의 느낌이 오랜 시간 방해받지 않고 유지된다는 믿음을 평온감이라고 하는데, 오랜 시간 게임을 하게 되면 현실의 재정적인 문제가 발생하게 되므로 그 평온감이 깨질 수 있다. 또한 마음이 침체되거나 초조해지거나 원만하게 유지되지 않는 상태가 되어 안정을 해치게 되는 경우가 있다. 한편, 미래에 대한 좋은 상태를 꿈꾸고 그려보며, 희망을 일으키는 상태를 의욕이라고 하는데, 카지노로 인해 직업을 잃거나 재산을 탕진하게 되면 미래에 대한 희망과 재기에 대한 의욕조차 사라지게 되어 행복감이 감소할 수 있다.

유다이모닉 관점에서의 행복은 스스로를 발전시키는 것을 의미하며, 대중의 이익/공공선<sup>Greater good; The benefit of the public</sup>에 기여하는 것이다. 내적 본성을 따라 깊이 있는 가치를 추구하는 것이며, 진정한 자신의 잠재력을 자각하고, 목표를 성취하거나 의미 있는 삶을 추구하는 것이라고 한다.[30] 카지노는 스스로 내적인 깊이를 추구할 수 있으나 그것이 카지노 목적(돈을 따기 위함)의 내적 가치, 목표 추구라는 측면에서 진정한 자아 성취와는 다른 점이 있다. 즉 사심이 개입되어 있는 가치추구라는 점에서 다른 특성을 보인다. 이러한 관점에서 카지노는 행복감에 부정적인 영향을 미칠 수 있다.

---

30) 이혜림 · 정의준, 2015.

헤도닉의 관점에서 카지노는 강한 긍정적 감정을 제공할 수 있으므로 적극적으로 활용하는 데 주목하고, 유다이모닉 관점에서는 행복에 부정적인 감정을 제공할 수 있으므로 부정적인 요소에 대한 예방, 통제 및 규제가 필요하다.

## 2. 행복의 결정 요인과 행복을 추구하는 두 가지 방법

### 1) 행복은 어떻게 결정되고 변화되는가?

앞 장에서 언급한 결과와 달리 좀 의외의 내용으로, 심리학계의 최신 연구들은 행복에 영향을 미치는 가장 큰 요인으로 유전적 요인인 개인의 성격을 들고 있다.[31] 즉, 행복을 결정하는 요인 중 50%는 성격$^{personality}$과 같은 유전적 요인이고,[32] 10%가 인구통계학적·환경적 요인(성별, 연령, 교육수준, 직업, 소득, 결혼 상태 등)이며, 나머지 40%만이 의도적 활동$^{intentional\ activity}$이라는 것이다.[33]

행복한 삶은 이미 태어나면서부터 결정되어 있는지도 모른다. 영어의 'happiness'는 고대 스칸디나비아 말인 'happ'에서 유래했는데, 원래 이 단어의 의미는 '우연히 주어지는 행운'이라고 한다. 학자들의 연구결과, 오래전 사람들은 행복을 질병, 굶주

---

31) 구재선·서인국, 2010; Lyubomirsky, 2007.
32) 심지어 유전적 요인이 80%까지 된다고 보는 연구도 존재한다(Lykken & Tellegen, 1996).
33) Lyubomirsky et al., 2005.

림, 전쟁, 자연재해 등으로부터 운 좋게 살아남는 것으로 생각했었던 것이다. 행복에 영향을 미치는 요인의 50% 이상이 유전적 요인이라고 본다면, 어쩌면 행복이란 우리 스스로 구하는 것이 아닌 운명적으로 결정되는 것일지도 모른다는 생각이 든다.

프로이트는 유전적 요인은 변화시키는 것이 무척이나 어렵고 힘들지만, 행복을 추구하는 노력을 결코 포기해서는 안 된다고 말했다. 노력이 행복을 가져다주지 않을 수도 있지만, 행복해지려고 노력하는 행위는 중요하다는 것이다. 카지노에서 대부분 게임이 50% 미만의 확률에 의해서 결정되거나 확률이 너무 낮아 운에 의해 승부가 결정된다고 해서 이기기 위한 노력이 필요 없는 것은 아닌 것과 마찬가지다.

개인적 특성은 의도적 조정이 어렵다. 반면 인구통계학적 · 환경적 요인 및 의도적 활동34)은 정부의 정책을 통한 조정이 가능하다35)는 점에서 이에 대한 노력이 필요하다.

---

34) 사람의 일상생활을 구성하는 성공과 즐거움을 지닌 활동
35) Sheldon & Lyubomirsky, 2007:135.

## 2) 개인의 행복과 국민의 행복 수준을 향상시키는 방안

한국인이 행복하기 위한 방안은 개인적 측면과 사회적 측면으로 나누어 생각해볼 필요가 있다. 이는 행복의 속성상 개인적 노력은 반드시 필요한 것이고, 개인이 아무리 노력하더라도 사회적 지원 없이는 행복할 수 없는 부분이 있기 때문이다.

개인적 측면에서 행복은 매우 주관적이므로 개인 스스로의 노력이 중요하다. 개인의 행복도를 상승시킬 방안으로는 다음과 같은 것들이 있다. 그냥 편하게 읽고 실행해 보면 좋을 것 같다.

① 가족생활과 결혼 생활에서 배우자와 자녀 등과의 관계를 잘 유지하고 지속하려고 노력해야 하며,

② 본인과 가족의 건강을 유지하기 위해 적당한 운동을 실천하는 것이 중요하다. 건강하지 않으면 엄청난 재산도, 높은 명예도 소용이 없기 때문이다.

③ 아울러 스스로를 존중하고 사랑하는 자아존중감을 가지도록 노력해야 하며, 긍정적 가치관 및 감정을 유지하는 것이 중요하다.

④ 친구 및 동료관계를 원만히 해야 한다. 개인은 학교, 직장, 지역사회 등 다양한 사회공동체 속에서 살아가기 마련인데, 자기가 속한 어떤 공동체에서도 타인과의 관계를 잘 구축하고 지속하기 위한 노하우를 갖는 것이 필요하다.

⑤ 배우자와의 관계 유지를 위해 노력해야 하며, 배우자가 없음으로 인해 나타나는 심리적, 정신적 위축감을 최소화해야 한다.

⑥ 자기가 원하는 일을 할 수 있도록 사전에 준비해야 하며, 현재 하고 있는 일에 대한 자긍심과 보람을 가져야 한다.

개인적 노력에도 불구하고 결코 해결할 수 없는 많은 요인이 있다. 개인의 일상은 이웃과 이웃으로 연결되어 있다. 따라서 개인의 범위를 넘어서 국가나 지역사회 차원에서 국민의 행복 수준을 향상시키기 위한 정책적 지원이 필요한데, 그것은 다음의 내용 정도로 알고 있자.

① 기본 생활 유지 및 인간다운 생활에 필요한 소득을 보장하기 위해 안정적이고 좋은 일자리 개발과 제공이 적극 이뤄져야 한다.

② 한국인에게 있어 가족은 중요한 의미를 지니며, 행복 수준에 가장 큰 영향을 미치는 요인이므로 가족 정책을 강화하여 건강한 가족을 유지할 수 있도록 지원해야 한다.

③ 출산 및 자녀 양육의 가계 부담을 경감하기 위한 사회적 지원이 강화되어야 한다. 한국 사회의 위협 요인인 '저출산-고령화' 문제 해결 및 자녀 양육을 위한 공·사교육비를 줄여 주어야 한다.

④ 국민 건강을 증진시킬 수 있는 정책 개발이 강화되고 질병으로부터 국민을 보호할 수 있는 의료 보장이 강화되어야 한다.36)

행복이란 흔히 주관적이고 사적인 것처럼 인식되어 왔지만, 역사적, 문화적, 그리고 사회적인 조건에 의해 제약될 수밖에 없다. 따라서 개인이 행복해지기 위해서는 사회 전체가 또는 국가가 행복해져야 한다.

국민 개개인은 정부나 사회에 그러한 정책과 인프라를 요구하는 한편, 각자는 개인의 삶의 주체자로서 자신을 위한 소소하지만 확실한 행복을 추구할 필요가 있다. 이 두 가지가 함께 이루어질 때, 보다 행복한 사회가 될 것이다.

---

36) 김승권 외, 2008.

# 3. 한국 참 살기 어렵다

가수 이승철의 <사랑 참 어렵다>라는 노래가 생각난다. 이를 듣고 있다 보니 문득 우리나라 사람들은 참 어려운 환경에서 살고 있다는 생각이 든다. 부족한 자원, 좁은 국토, 많은 인구, 적은 일자리, 치열한 경쟁, 빈부의 양극화, 기회의 불평등, 기타 등등 참 살기 어렵다. 거기에 남북 분단에 따르는 전쟁의 위험, 강대국 일본과의 역사적 갈등, 중국과의 무역 전쟁 등의 요소를 더하면 이만큼 살기 힘든 나라도 없지 않을까 싶다.

그럼에도 불구하고 지난 수십 년간 한국의 경제 성장률은 급격히 증가했다. 그에 따라 소득도 증가했다. 그러나 경제적 수준 향상에 비해 한국인들의 행복지수는 그리 증가하지 않았다.

이웃 나라 일본 역시 크게 다르지 않다. 1958년부터 1991년까지 1인당 국민소득이 6배가 올라갈 동안에도, 일본 국민의 행복 수준은 별로 높아지지 않았다.

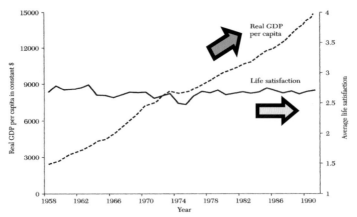

Figure 2. Satisfaction with Life and Income Per Capita in Japan between 1958 and 1991
Sources: Penn World Tables and World Database of Happiness.

〈1인당 GDP와 Life Satisfaction 그래프〉

프레이와 스투저[Frey & Stutzer](2002)에 따르면, 국가의 1인당 국민소득이 올라간다고 해서 그에 상응해서 국민의 행복 수준이 올라가는 것은 아니다. 경제 성장이 반드시 삶에 대한 만족과 함께 올라가지 않는다는 것을 보여준 '이스털린의 역설[Easterlin's Paradox]'37)과 같은 개념이다.

한국 사회는 1990년대 후반 외환위기 이후 경제적 불평등과 양극화가 심화되고 있으며, 정치적·사회적 문제가 되고 있다.

---

37) 미국 서던캘리포니아대학 교수 리처드 이스털린(Richard Easterlin, 1926~)이 「경제 성장이 인간의 운명을 개선시키는가(Does Economic Growth Improve the Human Lot)?」란 논문에서 설명한 개념.

자살률, 최저임금 이하 근로자 비율, 노인 빈곤율 부분에서 한국은 OECD 회원국 중 최하위 수준에 머무르고 있다. 이른바 불명예 OECD 1위 국가가 되었다.

우리나라 아이들의 삶의 단면을 살펴보면, 역시나 행복한 삶과는 거리가 멀어 보인다. 놀이 시간은 세계 최고 수준인 사교육을 비롯한 학습 시간에 빼앗기고, 놀이를 위한 공간 등 인프라도 현저히 줄어들었다. 스마트폰이나 컴퓨터로 즐기는 게임이나 노래방·PC방 가는 것을 제외하면 즐길 것이 없다고 해도 과언이 아니다. 이들에게 스마트폰이나 컴퓨터를 하지 못하게 하는 것은 행복 자체를 포기하라는 것에 다름 아니다. 특히, 좀처럼 몰입의 행복감을 느낄 수 없는 아이들에게 "게임은 정신질환을 일으킬 수 있으니 조심해야 한다."라고 엄포를 놓고 규제를 가하는 것만으로는 아이들의 행복감을 높일 수 없다. 학벌주의 사회에서 치열한 경쟁을 뚫고 명문대에 입학하기 위해 온 가족이 게임과 스마트폰과 전쟁을 치러야 하는 상황이 벌어지고 있는 한국의 가족 사회가 행복할 리 만무하다.

옛날 골목길이나 공터에서 전봇대에 기대어 또래 친구들과 술래잡기 등을 하며 어울려 놀던 아이들의 모습은 찾아볼 수 없게 된 지 오래다. 1977년 국제협회가 제정한 아동의 놀 권리 선언은 다음과 같이 강조한다. "놀이는 삶이고, 본능이고, 자발적이고, 자연스러운 것이다. 또한 탐구하는 것이며, 소통하고 표현하는 것이다. 놀이는 만족감과 성취감을 준다. 놀이는 모든 문화와 역사에서 이루어졌다. 놀이를 통해 아동은 신체적으로, 정신적으로, 감정적으로, 사회적으로 성장한다. 놀이는 삶을 배워가는 방법의 하나이다."

우리 사회는 '성장'의 문제를 인식하면서도 여전히 '성장'에 매달리고 있는 성장 지상주의 사회인 것처럼 보인다. 행복은 다차원적인 개념으로 여러 요소가 균형감 있게 발전해야 한다. 물질적인 조건뿐만 아니라 교육이라든지 환경이라든지 건강, 문화, 여가 등의 요소가 모두 균형 있게 발전해야 한다.

코로나 19 팬데믹 사태에서 알 수 있듯이 전 세계는 이웃과 이웃으로, 나라와 나라로 서로 연결되어 있다. 한 사람의 행복은 다른 사람으로 연결되어 나타난다. 타인의 행복이 증진될 때 나의 행복도 증진될 수 있다는 것을 새삼 느끼게 된다.

# 4. 지구상에서 가장 행복한 나라
## (핀란드, 네덜란드, 부탄)

핀란드 인구는 552만 명(2019년 1월 기준)으로 한국의 1/10 규모이다. 반면 국토 면적은 한국보다 세 배 크다. 1인당 국내총생산(GDP)은 4만 8,800달러로 세계 14위이다. 2018년 기준 1인당 국민총소득(GNI)은 4만 8,580달러로 미국(6만 3,690달러), 싱가포르(9만 4,670달러)보다는 낮지만, 행복지수는 세계 1위로 미국(18위), 싱가포르(31위)보다 월등히 높다. 우리나라의 GNI는 핀란드보다 1.21배 적은 데 비해, 행복지수는 세계 61위로 매우 낮다.

〈2019년 기준 국제비교 조사를 통해 본 핀란드〉[38]

| 조사항목 | 순위 | 조사기관 |
|---|---|---|
| 2020 세계행복지수 | 1위 | 유엔 SDSN |
| 2019 EU혁신종합역량 | 2위 | 유럽집행위원회 |
| 2019 투명성(부패인식 지수) | 3위 | 국제투명성기구 |
| 2019 성 격차 지수 | 3위(낮은 순위) | 세계경제포럼 |
| 2019 빈곤율 | 3위(낮은 순위) | OECD |
| 2019 사회발전지수(SPI) | 4위 | 사회발전조사기구 |
| 2018 OECD 국제학업성취도 | 종합1~5위, 읽기 1~5위 | OECD PISA |
| 2018 세계자유지수 | 1위 | 프리덤하우스 |

핀란드는 인구 550만 명에 사우나 시설이 330만 개일 정도로 사우나 문화가 잘 발달되어 있고, 맑고 깨끗한 자연 속에서 휴식을 즐기는 것이 일상인 곳으로 워라벨<sup>Work and Life Balance</sup>의 진수를 보여주는 나라이다. 학교는 휴식과 취미 생활을 보장해 주고 숙제도 많이 내주지 않는다고 한다. 핀란드에는 "아이의 일은 노는 것."이라는 속담이 있을 정도이고, 무상보육, 무상의료, 무상교육 등 복지국가로서 다양한 시스템을 갖추고 있다. 헬싱키 대학의 헤이키 힐라모 교수는 "사회안전망은 사회적 위험을 완충시켜주기 때문에 혁신과 복지의 선순환 구조를 만들 수 있는 기본 토대이다."라고 말한다. 핀란드에서 복지는 사회적 부담이나 비용이 아니라 "글로벌 경쟁력을 만들고, 경제 성장과 일자리의 열매를 맺도록 하는 기본적인 인프라"라는 인식이 형성되어 있는 듯하다.

핀란드의 경우에 사회안전망은 이러한 것들이다. 한 언론사에서 조사한 글을 인용해 보자. 노동자가 실업에 처할 경우, 고용 당시 받은 임금의 50~70%의 실업급여를 소득에 비례하여 최대 400일(주 5일 기준 80주) 동안 받는다. 출산 전에는 예정일 5주부터 모성 휴가를 낼 수 있고, 출산 후 산모는 아이 아빠와 함께 158일의 부모 휴가를 받을 수 있다. 이 기간 부모 수당은 연봉의 약 70%를 받는다. 아이가 태어나 만 17세까지 자랄 동

---

38) 함영훈, 「핀란드, 유엔 행복지수 3년 연속 1위 비결은?」, 헤럴드경제, 2020.3.25.

안에는 아동 수당이 지급된다. 이외에 초중등학교 9년 동안 일체의 비용은 무료이다. 대학에 들어갈 때까지 무상으로 학교에서 식사하며, 고교 졸업 후 부모한테서 독립할 경우 주택 임대료의 80%를 지원받을 수 있다. 아플 때 대부분의 병원비도 무료이다. 나이 들어 일할 수 없을 때는 노령 연금을 지급해 준다.

핀란드의 교육은 이렇다고 한다. 어린이집에서는 알파벳이나 숫자, 어휘를 가르치는 데 열중하기보다는 하루에 몇 시간은 야외에서 반드시 놀아야 한다는 규정이 있을 정도로 아이들을 놀게 해 창의력을 기르도록 한다. 우리나라처럼 피 터지게 영어, 외국어를 가르치는 모습과는 너무나 다르다.[39]

덴마크의 경우도 사회안전망이 잘 갖추어져 있다. 무상 대학 교육, 무상 의료 지원 서비스, 장기 출산 휴가, 실업 수당과 같은 다양한 사회 프로그램이 있다. 이로 인해 고소득자의 경우는 소득의 51.5%를 세금으로 납부할 정도로 세율이 높다. 하지만 이에 대해 덴마크 출신의 마이크 위킹 '행복연구소' CEO는 "우리는 세금을 내고 있는 것이 아니다. 우리 사회에 투자하고 있는 것이다."라고 말한다.

행복지수가 높은 북유럽의 상위권 국가들에서 나타나는 공통

---

39) 이창곤·조현경, 「'강소국' 핀란드 경쟁력의 원천은 혁신과 복지, 배움의 선순환」, 한겨레, 2020.06.15.

된 특징은 사회적 지원에 매우 큰 비중을 두고 있다는 것이고, 서로 경쟁하지 않는 사회 분위기가 조성되어 있다는 것이며, 동시에 1인당 GDP도 높은 것이다. 한마디로 '경제와 행복' 두 마리 토끼를 다 잡은 나라들이다.

이들 나라에도 카지노가 있다. 대부분 국가가 영업 시간을 제한하여 운영한다. 재정적인 문제가 발생하면 정부에서 출입도 제한하고 있다. 두 개의 도심형 카지노로 세계적으로 유명해진 싱가포르의 경우는 이용자가 재정적인 문제가 발생하면 정부가 일정 기간 출입을 금지한다. 카지노의 문제는 재정적인 문제에서부터 시작하기 때문일 것이다. 개인의 행복을 지키고 사회적인 문제로 확대 야기되는 것을 방지하기 위해서는 개인의 재정적인 문제에 초점을 맞춰 제한할 필요가 있다.

'네덜란드'는 튤립이 아름다운 나라, 바다보다 낮은 땅에 자리 잡은 나라 등의 이미지가 떠오르는 나라로 전 세계적으로 어린이 행복지수가 가장 높은 나라이며, 세계에서 노인 빈곤율이 가장 낮은 나라이다. 노인 빈곤율과 자살률이 가장 높고, 청소년 행복지수가 최하위인 우리나라가 벤치마킹해야 할 나라이다.

히말라야 동쪽 해발 3,000~4,000m 고산 준령지대, 중국과 인도의 틈바구니에 있는 인구 75만 명의 '은둔의 왕국' 부탄은,

GNP는 2,000달러 수준으로 낮지만 국민총행복지수<sup>GNH(Gross National Happiness)</sup>는 세계 1위다. 부탄 국민의 97%가 행복하다고 한다. 그들은 인간을 '경제의 도구'가 아닌 '행복의 대상'으로 여긴다.

국제 사회가 부탄에서 얻은 교훈이 있었다면 행복은 개인이 추구해야 할 사적인 영역이 아니라, 국가의 정책과 제도의 영역이라는 것이었다.

이를 발견한 세계 저명 학자들은 'GDP야말로 인간이 만든 가장 쓸모없는 발명품'이라고까지 말했다. 국제 사회도 "우리는 부를 웰빙(삶의 질)으로 전환하는 데 실패했다."라고 반성했다.[40]

최대다수의 최대 행복을 추구하는 벤담, 찰스 다윈의 적자생존, 애덤 스미스의 '보이지 않는 손'에 운명을 맡기면서 현대 자본주의는 행복의 척도를 경제력, 즉 돈이 많고 적음이 좌우한다고 정의해 왔다. 그러나 부탄은 진정한 행복은 물질에 있다고 보지 않는다. 부탄이 국가 행복의 개념을 바꿨다면, 북유럽의 국가들은 행복 국가 건설을 위한 구체적인 사회 시스템의 모델을 제시하고 있다.

---

40) 문윤홍, 「세계 최고 두 행복 국가의 비밀」, 매일종교신문, 2019.6.5.

# 5. 카지노와 행복의 역설

## 1) 더 많은 소득과 소비에 대한 욕구와 쾌락 적응

그리스 철학자 에피쿠로스는 "행복은 유동자산이 분자, 욕구가 분모를 이루는 분수로 나타낼 수 있다."라는 이론을 주장하였다. 독일의 뮌헨대 요하네스 발러허는 『경제학이 깔고 앉은 행복』에서 "과도한 물질추구와 지나친 비용-편익적인 경제학적 분석이 사회 정의에 문제를 일으킬 뿐만 아니라 개인의 행복을 심각하게 침해할 수도 있다."라고 경고한 바 있다. "우리는 더 높은 소득에 비교적 빨리 익숙해지고 자신의 기대 태도를 거기에 맞춘다."라고 하며, 이를 '쾌락 적응hedonic adaptation'이라고 하였는데, 더 많은 소득과 소비가 가져다주는 행복을 과대 평가하면서 늘어나는 욕구에 적응하게 되고 끝없는 경쟁에 휘말리는 '쾌락의 쳇바퀴hedonic treadmill'41)에 걸려들게 된다는 것이다.

영국 경제학자 리처드 레이어드Richard Layard는 "생활 수준은 알

---

41) 심리학자 필립 브릭먼(Philip Brickman)과 도널도 캠벨(Donald Campbell)이 「쾌락 상대주의와 좋은 사회 설계」라는 논문에서 처음 제시한 개념.

코올이나 마약과도 비슷해서 새로운 행복을 경험하게 되면, 그것을 유지하기 위해 지속적으로 더 많이 가져야 한다. 일종의 쳇바퀴를 타는 것이다. 즉, 행복을 유지하려면 계속 쳇바퀴를 굴려야 한다."라고 하였다.

하버드대학 심리학 교수 대니얼 길버트<sup>Daniel Gilbert</sup>(1957~)는 로또에 당첨된 사람들을 연구했는데, 로또가 주는 행복의 효과가 평균 3개월이 지나면 사그라진다는 것을 확인했다. 출세의 꿈을 이룬 사람도 평균 3개월이 지나면 예전과 똑같은 크기만큼 행복하거나 불행해지며, 불행하다고 느끼는 사람도 마찬가지로 평균 3개월이 지나면 다시 웃을 수 있다는 것이다. 쾌락적응은 아무리 행복해도 아무리 불행해도 시간이 지나면 의미가 희석되어 더는 행복한 일도 불행한 일도 아닌 일상이 되어버린다는 것이다. 행복해도 그것이 반복될수록 줄어들어 별 게아닌 것이 된다. 영원히 불행하지 않듯이 행복도 영원하지 않은 것이다.

발라허는 "더 많이 소유하고 소비한다고 해서 삶이 더 만족스러워지지 않는다는 사실을 기억하라."라고 하면서, "더 중요한 것은 안정적인 사회적 관계와 일에 대한 만족감, 안정된 직장, 사회적 참여 그리고 건강"이라고 강조하였다.

## 2) 쾌락의 쳇바퀴

문화관광부가 전국 17개 시도에서 만 15세 이상 남녀 1만 498명을 대상으로 1대 1 방문 면접 조사한 '2018 국민여가활동 조사'에 따르면, 여가 활동 중 1순위는 텔레비전 시청이었다.

<낭만닥터 김사부>, <슬기로운 의사생활> 등의 인기 드라마를 보고 있으면 휴일 이틀이 그냥 지나간다. 한 편의 드라마를 보다가 거의 끝날 때쯤이면 무언가 극적인 장면이 발생하면서 끝을 맺는다. 다음 편을 보지 않을 수 없다. 이렇게 한 편 두 편 보다가 보면 어느새 밤을 꼬박 지새운다. 이처럼 드라마에도 중독성이 있다. 남자들은 나이가 들어갈수록 드라마에 더 빠지는 경향이 있다. 어쨌든 직장에서 일할 때보다는 여가에 집중할수록 행복 수준은 더 높은 것으로 나타났다.

반면, 게임, 소셜미디어, 문자 등 온라인 활동에 소비하는 시간은 꾸준히 증가해 왔지만, 행복도는 오히려 떨어진 것으로 조사되었다.

미국 피츠버그 의과대학이 19~32세 성인 1,800명을 대상으로 실시한 조사에 따르면, 상위 25% 이용자가 하위 25% 이용자보다 우울증 발병률이 1.7~2.7배 높다는 결과가 나왔다. 그뿐만 아니라 한 조사에서는 하루에 다섯 시간 이상 SNS에 접속

하는 학생들은 그렇지 않은 학생들에 비해 우울증에 걸릴 확률이 세 배나 더 높은 것으로 조사되기도 하였다.

평생을 살아오면서 거의 누구나 쾌락 적응에 대한 기억을 가지고 있다. 새집에 이사 갔을 때, 원하던 자동차를 구입했을 때 또는 최신 스마트폰을 구입했을 때 우리는 행복감을 느낀다.

사랑에 빠져 결혼하고, 첫 아이가 태어나고 몇 번을 학수고대하다가 어렵게 취직하거나 승진했을 때 그 기쁨에 취해 영원히 행복할 것 같은 기분이 든다. 하지만 몇 달, 몇 년이 지나면서 그 행복감은 다시 원래 수준으로 돌아온다.

부모의 반대를 무릅쓰고 목숨을 걸고 결혼하여 죽을 때까지 영원할 것 같던 부부가 일정 기간을 살다 보면 다른 이와 사랑에 빠지게 되는 것도 쾌락 적응으로 설명할 수 있다. 행복을 느끼려면 곧 그 이상의 더 크고 강한 자극이 필요해진다는 이야기와 같다. 마치 마약 중독처럼, 쾌락에 내성이 생겨 더 센 것을 요구하게 되는 것이다.

사람들은 물질적으로 많은 것을 누려도 결국 거기에 적응하게 된다. 높은 수준을 기대하는 사람들은 막상 그 목표를 달성하고 나면 곧 더 높은 기대 수준을 요구한다. 사람들은 이렇게 계속해서 더 높은 수준의 기대 목표를 끊임없이 욕망하기 때문에 행복은 더 요원해진다.

카지노에서 게임을 하다 보면 그만두어야지 하고 적정 시간과 금액을 설정하게 된다. 그러나 돈을 따면서 조금만 더 증후군이 나온다. 큰돈을 따면 더 큰 돈을 따기 위해 큰 금액을 베팅한다. 돈을 잃으면 본전만 회복하면 그만두어야지 하고 생각하고, 그 때문에 돈을 따는 확률은 더 멀어지고, 행복은 더 요원해진다. 쾌락의 쳇바퀴hedonic treadmill 이론, 쾌락을 유지하기 위해서 반복적인 베팅을 추구하는 사람들 역시 카지노의 쳇바퀴를 돌리고 있는 것이다.

소득Income이 너무 많아도, 투자Investment가 너무 많아도, 소비Spending가 너무 많아도, 여가Leisure가 너무 많아도 행복하지 않다. 이것은 카지노만의 문제는 아니다. 일상에서 일어나는 거의 모든 활동에서 벌어지는 현상이라고 해도 무리는 아니다.

그런데, 우리는 왜 자꾸만 '더more' 하려고 하는가? 쾌락 적응, 쾌락의 쳇바퀴. 이제 그만 행복Happiness해져야 할 때가 되지 않았을까.

## 3) '돈'을 최고의 가치로 여기는 물질주의 가치관과 행복

한국 사회에서 '돈', '소득'은 개인의 삶의 질에 매우 중요한 의미를 지닌다. 산업화 시기의 경제 성장은 한국인의 생활 수준 향상을 가져왔고, 이후 1997년 IMF 경제 위기와 2000년대 금융위기를 겪으면서 심화된 양극화와 경제 위기하에서 경제 성장과 이윤 획득은 더욱더 중요한 가치로 자리 잡았다. "지금 행복하세요?"라는 질문에서 행복의 전제는 경제적으로 만족하느냐는 속뜻이 담겨있을 정도이다.

돈은 두 개의 얼굴을 가졌다. 사람을 행복하게 만들기도 하고 불행하게 만들기도 한다. 물론 돈이 그렇게 만드는 것은 아니다.

그동안 '돈'에 대한 가치 부여가 실제로 한국인의 삶의 질과 행복에 어떠한 영향을 미치는지에 대한 사회적 논의 없이 무조건적인 경제 성장, 물질적 재화의 획득을 맹목적으로 추구해온 것은 아닌지 반성해 본다.

돈과 행복의 관계에 대한 논쟁은 이스털린 역설[Esterlin's paradox]로 잘 알려진 쟁점을 제기하면서 시작되었다고 할 수 있다. 이스털린은 국가 간 비교 연구를 통해 소득이 일정한 수준에 도달하면 소득의 증가가 반드시 행복을 증가시키지는 않는다고 주장하였다. 이는 왜 수많은 국가가 지난 20세기 동안 경제적으로 풍요로워졌음에도 이에 상응할 정도로 행복의 수준이 증가하지 않았는가에 대한 해답이 된다.

소득 수준이 높을수록 행복감과 삶의 만족도가 높아지지만, 물질주의 가치관은 행복감과 삶의 만족도에 부정적인 영향을 미치는 것으로 조사되었다. 돈을 다른 가치보다 더 우선순위로 꼽을수록 삶의 만족도 수준이 감소하고,[42] 심리적 안정감도 떨어졌다.[43] 물질주의적 목표[material goals]나 가치[material values]를 중시하는 사람들은 다른 가치를 추구하는 사람들에 비해 행복하지 않다는 것이다.

누구나 적절한 수준의 물질적 기반과 생활 환경이 갖추어졌을 때 삶에 대한 만족감과 안정을 느낄 수 있다. 그러나 소득 수준이 증가하더라도 '돈'을 최고의 가치로 상정하는 사회문화적 흐름이 확산된다면 사회 구성원의 행복과 삶의 질은 감소할 수 있다. 한국 사회는 성장주의를 모토로 경제 성장과 이윤 획득만을 최고의 가치로 여겨왔고, 이는 현재 한국 사회에서 대두되는 여러 사회문제와 무관하지 않다.[44]

---

42) Diener and Oishi, 2000.
43) Karabati and Cemalcilar, 2010.
44) 이민아·홍리라, 2014.

## 4) 카지노의 행복-역설<sup>Casino's Happiness-Paradox</sup>

이문진·황선환(2014)은 소득 수준이 일정 수준 이상을 넘어서면 행복도가 더 이상 증가하지 않는다는 이스털린의 역설<sup>Esterlin's paradox</sup>이 여가시간에도 적용되는지를 검증하여, 여가시간 증가가 행복도를 오히려 감소시킨다는 결과를 얻었다.[45]

조 도밍고<sup>Joe Dominguez</sup>와 비키 로빈<sup>Vicki Robin</sup>은 그들의 저서 『Your Money or Your Life』에서 더 많은 지출<sup>More Money</sup>이 더 많은 행복(성취감)으로 이어지지 않고, 더 많이 지출할수록 더 많은 문제<sup>More Problems</sup>를 야기할 수 있다고 주장하면서 이를 '성취 곡선<sup>Fulfillment Curve</sup>'이라 하였다.

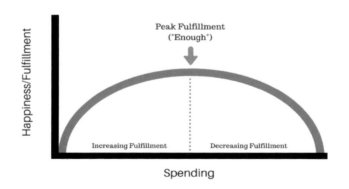

〈성취 곡선<sup>Fulfillment Curve</sup>〉[46]

---

45) 이문진·환선환, 2016, p.271.

이전까지는 더 많은 소유물은 더 많은 성취를 의미했다. 그러나 사람들은 더 많은 돈을 소유할수록 더 많은 걱정을 한다는 것은 잘 알아차리지 못했다. 인생에서 더 많이 구매할수록 결과적으로 더 많은 일, 걱정, 번거로움을 견뎌야 한다. 성취 곡선에서 가장 중요한 위치는 'Enough'라고 불리는 최고점으로 이는 지출에 대한 최적의 시점이며,[47] 이후 추가 지출로 인해 행복 (성취감)은 감소한다는 시사점을 준다. 행복하지 않은 데도 더 소비하고 있는 것이다.

그동안 레저 혹은 건전한 오락으로서의 카지노에 대한 긍정적 기능을 소개한 자료는 있지만, 카지노 게임이 삶의 질과 행복에 어떠한 영향을 미치는지에 대한 논의는 거의 부재하였다.

카지노를 경험한 사람들의 의견을 토대로 카지노 경험에 대한 개략적인 경험 주기를 분석해 보면, 초기에는 호기심으로 접했던 게임이 재미와 즐거움으로 연결되고, 어느 정도 게임을 경험하면서 계속적인 승리의 기대감과 희망을 넘어 기쁨과 짜릿함이 최고조에 달하게 된다. 그러나 게임이 반복될수록 기쁨과 쾌락은 줄어들고, 잃은 돈을 만회하겠다는 집착으로 거의 무의식적-반복적 행위를 거듭하게 된다. 시간이 흐를수록 게임과 관련된 극적인 스토리에 대한 기억(크게 벌었던 금액)만을 되새기

---

46) The Ultimate Guide to Money and Happiness, Matthew Kent May 28, 2018, 인터넷.
47) 영국의 경제학자 리처드 레이어드[Richard Layard](1934)는 수입이 일정한 나라에서는 행복과 관련이 없다는 '레이어드 가설'을 제시하면서 인간의 물질적 욕망엔 이른바 '만족 점[satiation point]이 있다고 주장하였다.

며 아쉬움과 후회로 가득 차게 되고, 최종적으로 카지노를 그만
두거나, 그만둘 수조차도 없는 경우에는 재정적인 문제로 절망
하고 포기하는 단계에까지 이르게 된다.

카지노는 처음에는 재미와 즐거움, 희망과 기대감, 강렬한 기
쁨과 환희의 행복을 제공해 주지만, 장기화되고 반복될수록 잃어
버린 돈에 대한 결핍감과 승리에 대한 과거 경험에 대한 집착으
로 인해 행복감이 줄어들게 되는 것이다. 이것은 카지노가 지니
고 있는 행복과 관련된 특성이다. 카지노는 어느 것보다도 양(+)
과 음(-)의 효과가 분명하게 구별되는 분야임에 틀림없다.

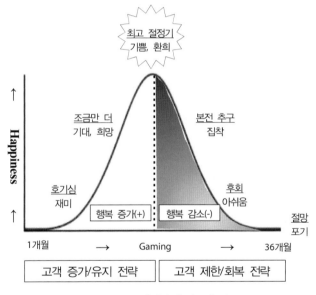

〈카지노의 행복-역설<sup>Casino's Happiness-Paradox</sup> 그래프〉

마케팅 관리에서 어떤 제품의 경쟁적인 현상에 대한 통찰력을 제공하는 가장 유용한 개념으로 제품 수명 주기(PLC<sup>Product Life Cicle</sup>)가 존재한다. 어떤 제품이 생존하는 동안 수요자의 욕구를 어떻게 충족시켜주는지를 나타내는 개념으로, 보통은 도입기, 성장기, 성숙기, 쇠퇴기로 구분된다. 사람이 태어나서 자라고 성장하다가 병들고 죽는 것과 같은 이치여서 많은 사람에게 공감을 얻고 있는 이론이다.

　　카지노 역시 인간이 개발해낸, 유희적 본능을 충족시켜 주는 하나의 제품이다. 수백 년 동안 인간의 놀이 욕구를 충족시켜왔다는 점에서 경험 수명 주기를 나타내 보는 것은 충분히 가치가 있다고 판단된다. 기업의 입장에서는 어느 단계에 초점을 맞춰 마케팅에 활용할 것인지, 그 수익은 어떻게 변화되는지 등 마케팅 측면에서 활용할 수 있을 것이고, 카지노를 이용하는 수요자 입장에서는 어느 정도 금액을 몇 회 정도 이용할 것인지, 어떻게 최대한 합리적으로 이용할 수 있는지 등의 전략을 수립하는 데 도움이 될 것이다. 한편, 정부 입장에서는 어떤 것을 규제하고 또 어떤 것을 자유롭게 허용할 것인지, 카지노와 관련된 정책 수립 시 참고할 수 있는 근거를 제공한다는 측면에서 나름 시사하는 바가 있을 것이다.

　　마케팅 관리론에서 어떤 제품이 제품 수명 주기를 가지고 있다는 것은 기본적으로 네 가지 전제 조건을 가지고 있다는 것에서 출발한다. 첫째, 각 제품은 유한한 수명을 가지고 있다. 둘째, 제품 판매량은 각 단계를 거치게 되며, 이들은 각기 상이한 도전과 문제를 가지고 있다. 셋째, 제품의 이익은 제품 수명 주기의 상이한 각 단계에 따라 증가하거나 감소한다. 넷째, 기업은 각 수명 주기 단계에 따라 상이한 마케팅, 재무, 구매 및 인적 전략을 수행해야 한다.48)

이 장에서는 카지노를 경험하는 이용자가 경험하는 경험 주기를 심리적으로 느끼는 감정의 단계에 맞춰 설명하고자 한다. 그리고 그에 대한 정책적 시사점을 밝혀보고자 한다.

본 저자는 카지노 경험 주기를 호기심, 조금만 더, 최고 절정기, 본전 추구, 후회, 절망의 6단계로 구분하여 설명하였다.

### ① 호기심

누구에게나 혹시 대박이 터지지 않을까 하는 기대감이 존재한다. 이러한 기대감이 사행심을 유도한다고 보는 것이 일반적이다. 어떤 이는 대인관계에서 받은 불쾌감이나 자신의 직장에서 받은 스트레스, 우울감, 외로움을 해소하기 위해서, 혹은 부

---

48) 필립 코틀러 저, 윤훈현 역, 1995, pp.386-388.

부간의 문제를 해소하기 위해서, 또는 무언가 강렬하고 짜릿한 나만의 쾌락과 부를 추구하겠다는 생각으로 카지노를 경험하게 되는데, 대다수 카지노를 방문하는 사람은 친구나 지인을 통해 우연히 방문한다. 이 단계는 처음 카지노를 방문하여 게임을 접하는 단계로, 이때 카지노에 지출하는 비용은 게임에 참여하기 위한 최소 비용이다. 기본적인 수준의 초기 비용(시간)을 지출하면서 호기심과 함께 경험하지 못한 것에 대한 흥미와 재미를 느낄 수 있는 단계이다. 보통은 1~3개월 정도 기간이다. 연애로 비유한다면 첫사랑의 설렘으로 표현할 수 있다.

## ② 조금만 더

처음에 재미 삼아 방문한 이후에 조금 더 방문 횟수가 많아지면서 카지노의 분위기에 익숙해진다. 게임에 대한 참여 횟수는 기본 수준보다 많아지면서 더 많은 비용을 투입하게 된다. 그럼에도 불구하고 게임하는 것에 대해 안락감을 느낀다. 게임에 대해 더 학습하고 연구하면서 본인이 의도하는 방향으로 게임에서 이겼을 경우에는 '세상에 이러한 것도 있구나.'라는 놀라움과 함께 '이러한 방식으로 게임하면 돈을 벌 수 있겠다.'라는 기대감과 희망을 가지는 단계이다. 게임에 대한 나름의 전략을 활용하게 되며, 예측에 대한 확신을 가지면서 강한 자신감과 확신을 느낀다. 돈을 따게 되었을 경우 목표 금액을 더 높이 책정하면서 조금만 더 베팅하며 카지노에 더 오래 머물게 된다. 보통은 3~6개월 정도 소요된다. 자신의 재정 이외에 일부분은 빚을 내어 게임하는 단계이다. 초기 단순히 즐기기 위한 게임에서 시작하여 베팅에서 이기기 위해 점차 금액이 증대되고, 이기더라도 적은 금액으로는 양이 차지 않게 된다. 당장 터질 것 같으면서도 원하는 만큼의 기대수익이 나지 않을 경우 누구나 계속하려는 승부욕이 발동하며, 그로 인해 많은 돈을 쉽게 투입하게 된다. 연애로 표현하면 3~6개월 정도 지나 서로에 대해 관심을 가지고 빠져들게 되는 시기이다.

### ③ 최고 절정기

게임이 주는 최고의 기쁨과 환희를 느낄 수 있는 단계로, 극도의 만족감을 느끼며 자연스럽게 두 주먹을 불끈 움켜쥐기도 하고, 환호성을 지르기도 한다. 카지노 게임보다 더 무아지경에 빠지게 하는 것은 없게 되며 시간적·공간적 제약도 잊어버리게 된다. 즉 카지노 이외의 것은 아무것도 아닌 것처럼 생각하게 된다. 이러한 경험의 정도는 개인마다 다르고 시기도 다를 수 있지만, 위험을 감수하는 성향이 높을수록 더 쉽게 경험할 수 있다. 경우에 따라서는 이와 같은 고강도 몰입이 일상생활을 방해하고 업무에 지장을 초래할 정도가 되기도 한다.

우리는 이와 같은 현상을 과몰입, 무아지경 또는 게임 중독이라 부른다. 이 시기에는 최고 절정의 감정을 더 강하게 느끼기 위해 지속적이거나 반복적인 게임 행동 패턴을 보인다. 이러한 게임 장애 행동 패턴은 개인, 가족, 사회, 교육, 직업 또는 기타 중요한 영역에서 심각한 장애를 초래하기도 한다. 연애로 비유한다면 불같은 뜨거운 사랑을 나누는 단계, 상대방이 없이는 못 사는 단계로 표현할 수 있을 것 같다. 늘 게임을 하고 싶은 마음의 준비와 자세가 되어 있으며, 카지노 게임이 생각 자체를 장악하고 있는 단계이다.

## ④ 본전 추구

게임의 최고 정점을 지나면서 카지노 이용자는 재정적 문제를 겪게 된다. 그리고 그로 인해 잃어버린 돈에 대한 집착이 생기게 된다. 최고 절정기에 벌었던 돈과 현재까지 잃은 금액을 비교하면서 본전을 회복하기 위한 집착이 강해지고, 게임 외 세상의 현실적 문제(빚 등 재정적인 부분)에 대한 불안과 걱정, 두려움을 느끼게 되면서 게임 행위에 대한 지속 여부 등 갈등과 압박감이 자리 잡게 된다. 만일 오늘 제법 큰 잭팟이 터졌다고 하더라도 내가 넣은 본전에 미치지 못하면 다시 반복을 거듭하며 본전 찾기를 반복하기 마련이다. 연애에 비교한다면 서로 결혼하고 나서 현실적인 문제에 부딪히는 단계이다. 별것도 아닌 것으로 싸

우고 물질적인 제한을 받게 되는 시기이다.

### ⑤ 후회

과거의 승리 경험에 대한 기억에 사로잡히는 단계로, 땄을 때 그만두지 못하게 된 것에 대한 후회와 함께 잃어버린 금액에 대한 아쉬움을 느끼면서 거의 무의식적인 베팅 행위를 반복하는 단계이다. 게임을 그만두고 싶지만, 게임 외에 재정적인 문제를 해결할 방법이 없어 그만둘 수도 없는 상황이 된다. 연애로 따지면 왜 그때 부모님 말씀을 듣지 않았는지, 주변의 만류에도 불구하고 결혼을 강행한 것에 대한 후회감이 드는 시기이다.

### ⑥ 절망

가지고 있던 재정이 파탄에 이르면서 삶에 대해 절망하고 미래의 희망을 포기하는 단계이다. 주위에 아무것도 남지 않게 되고 그동안 자신이 살아온 정체성마저도 희미해져 회복할 엄두조차도 낼 수 없게 된다. 결국 결핍에 주목하면서 행복감은 급속도로 떨어지고, 삶의 의미조차 사라지게 된다. 보통 3년 정도면 자신 및 주변인의 재산까지도 탕진하고 이후에는 카지노 주변 지역에 머무르거나 아예 떠나게 되는 새로운 삶이 결정되는 단계이다. 연애로 따지면 상대방에게 더는 미련 없이 포기하는 단계이며, 새로운 만남을 찾아 각자의 길을 떠나는 시기로 표현할 수 있을 것 같다.

카지노 경험 주기는 개인마다 다르며 게임 종목 등에 따라 다르겠지만, 크게 단순화해서 본다면 초기 경험부터 이탈까지 약 36개월의 주기를 가지는 것으로 볼 수 있다. 물론 경우에 따라서는 카지노를 떠나지 않고 지속적으로 카지노에 머물게 되어 매우 긴 쇠퇴기를 가질 수도 있다.

카지노 경험 주기의 상승 구간에서는 전반적으로 헤도닉[hedonic49)] 관점의 (+)행복감을 높여주는 긍정적 요소가 작용한다. 이러한 느낌을 마치 사랑하는 사람과 사랑에 푹 빠지는 것과 같은 느낌이라고 표현하는 사람도 있다.

사랑에 최고의 절정기가 있듯이, 카지노 역시 한판 승부로 시작해서 많은 돈을 벌 수 있고, 또 극적인 서사와 스토리를 경험할 수도 있기에 '단기-순간' 최고조의 절정을 맛볼 수 있다.

정점을 지나 하락 구간에서 카지노 게임이 과도할 경우 정신적 스트레스를 받게 되며, 행복감을 낮추는 부정적 요인이 될

---

49) 쾌락이나 즐거움을 뜻하는 그리스어에서 유래하였다. 헤도닉 행복이란 일종의 쾌락, 기쁨, 즐거움과 동일시되는 개념으로, 일시적인 쾌락을 추구하는 행복이다. 어떠한 대상이나 사건이 야기한 긍정적 감정, 즉 주관적 만족감을 의미한다. 아리스토텔레스는 행복 추구에는 hedonic과 eudaimonic의 두 가지 관점이 있다고 하였다.

수 있다. 재정적 고갈로 인한 현실적 고뇌와 함께, 카지노에 빠져 있었던 시간만큼 재산 탕진, 실직, 이혼, 범죄 등 현실 생활에서의 많은 부정적인 문제에 직면해야 한다.

유다이모닉$^{eudaimonic50)}$ 관점에서 카지노 게임은 자아 성찰을 통해 인생과 자연의 진리를 깨닫게 되는 영역이 분명히 존재하나, 과도할 경우 사회적으로 부정적인 현상들이 삶 속에서 나타난다. 매우 혹독할 수 있는 인생의 경험을 실생활에서 치러야 할 수도 있다.

앞에서 언급한 카지노의 경험 주기와 특성을 함축적으로 표현할 때, 카지노에는 행복과 불행이 시차를 두고 존재한다. 이러한 카지노의 특성을 '카지노의 행복 역설(CHP)$^{Casino's\ happiness-paradox}$'이라고 부르자.

이러한 특성을 굳이 꺼내어 표현하는 것은 CHP는 카지노에는 (+)양과 (-)음이 명확히 구분되는 특성이 있고, 카지노를 이용하는 이용자 개개인이 행복을 유지하고 불행의 길로 빠져들지 않기 위해서는 이러한 특성을 잘 알아야 함을 강조하고 싶은 것이다.

---

50) 개인에게 내재된 내적 수준의 행복을 뜻하며, 의미 있는 가치 추구를 지향하고 자아를 실현하는 등 스스로의 발전에서 오는 충족감에 대한 행복이라 할 수 있다. hedonic은 주관적 만족을 의미하는 것에 비해 eudaimonic 행복은 심리적·정신적 만족을 의미한다.

CHP에 의하면, 초기 행복 증가(+)기에 기업은 고객 증가/유지 전략을 통한 사업 성장을 도모해야 하며, 후기 행복 감소(-)기에는 고객을 제한하거나, 절망하고 포기한 고객에 대한 회복 방안을 마련해야 한다. 정부 입장에서는 가급적 하향 구간에 빠져들지 않도록 예방 제도를 수립해야 하며, 적어도 절망하고 포기하는 단계까지는 들어가지 않도록 규제하고 통제해야 함을 시사한다.

성취 곡선$^{\text{Fulfillment Curve}}$은 '돈은 많을수록 좋다. 소비는 많을수록 좋다.'라는 우리의 생각을 바꾸게 되는 계기가 되었다. 그동안 많은 사람과 정책을 추진해온 정부, 그리고 지역사회와 언론 등에서 말해온 바와 같이 카지노를 규제하고 제한해야 한다는 관점이 틀리지는 않았다.

우리는 물질적인 소유만큼이나 경험에 쉽게 빠져든다. 다른 놀이와 다르게 카지노는 자본을 소유하기 위한 놀이, 노동을 통해서 획득할 수 있는 것보다 더 쉽게 자본을 획득할 수도 있는 놀이라는 점에서 소유와 경험에 함께 빠질 수 있는 게임이다.

생각을 멈출 줄 모르고 과도하게 베팅하거나 게임에 매진하는 것은 행복에 도움이 되지 않는 무의식적-반복적인 상태에서의 행위로 간주할 수 있다. 돈이 우리 삶에서 얼마나 중요한 역할을 하는지는 부인하기 어렵다. 그만큼 우리는 소중한 시간을 돈과 교환하기 위한 활동에 전념하고 있기 때문이다.

## 5) 카지노, 행복의 경험인가? 아니면 불행의 씨앗인가?

카지노를 접하게 된 이유로 이러한 고백을 하는 사람들이 있다. 남편이 죽었다. 세상살이가 힘들다. 가족 간 불화가 있었다. 우울증으로 시달리다가 카지노를 접하고 한 3~4년간 행복하게 정신없이 살았다. 카지노에서 희망을 얻었고 우울증을 고쳤다. 그런데 결국 도박 중독으로 재산을 날리고, 가정을 버리고, 힘든 노동일을 하면서 살고 있다. 카지노와 인연이 되어 이렇게 살고 있는 사람들에게, 카지노는 행복한 선택이었을까?

우리 각자는 삶의 가치관이 다르고, 나에게 충분한 것이 다른 이에게는 충분하지 않을 수 있다. 카지노 행복의 역설에서 본 바와 같이, 게임에 대한 과몰입 상태에 빠져서 인생을 허우적대지 않도록 조심해야 한다. 물론 이 개념은 카지노 게임에만 적용되는 것은 아니다. 일, 음식, 관계, 취미, 음주, 여행 등 다른 많은 삶에도 적용되는 것이다.

왜 행복하지도 않은데도 불구하고 더 많이 베팅하고 있는지 아직도 깨닫지 못하고 계속 시도하는 사람들이 존재한다. 카지노에 참여하는 게이머는 나의 삶을 더 행복하게 만들기 위한 게임 방법(비용과 시간)은 무엇인지. 내가 행복한 삶을 살기 위해서 어느 정도 게임을 해야 하는지에 대해 진지하게 생각해봐야 한다.

프로이트는 쾌락은 처음에는 크지만 나중에는 줄어들 수 있고, 심지어는 고통이 될 수도 있다고 말했다. 여가를 너무 많이 가져도 행복감은 떨어질 수 있다. 너무 많은 돈을 지출하는 것은 이미 여가 활동이 아니다. 게임이 노동이 되어서는 게임을 활용하는 것이 아니라 게임에 지배되는 것이다. 행복감을 유지하기 위해서는 게임 외적인 삶을 충분히 살아가면서, 게임에 지배당하지 않고 주체적으로 할 수 있어야 한다. 그래야 카지노의 행복-역설에 말려들지 않을 수 있다.

톨스토이는 "가난의 괴로움을 면하는 길은 두 가지가 있다. 자기의 재산을 늘리는 것과 자기의 욕망을 줄이는 것이다. 전자는 우리의 힘으로 해결되지 않지만, 후자는 언제나 우리의 마음가짐으로써 가능한 것이다."라고 하였다. 유전적 성향이나 돈 많이 벌기는 인력으로 되지 않는 어려운 것일 수 있다. 가능할 것 같지만 아마 더 어려운 것은 '욕심 줄이기'일 수도 있다. 모든 불만과 고통과 불행의 씨앗은 바로 욕심에서 온다는 점에서, '욕심 버리기'는 행복을 유지하는 요건임에 틀림없다.

카지노는 순간의 짜릿한 쾌감과 만족을 준다. 그러나 장시간 하다 보면 주변의 여러 가지를 빼앗아 간다. 카지노의 역설적 행복, 인생은 물과 같다. 배를 띄우는 것도 물이요, 배를 뒤집는 것도 물이다. 일본의 속담에 "사람의 행복, 불행은 관 뚜껑을 덮기 전까지는 모른다."라는 말이 있으며, 동양권에서 불행한 일이 좋은 일로 또는 좋은 일이 불행한 일로 바뀔 수 있다는 의미로 잘 알려진 "새옹지마(塞翁之馬)"라는 고사성어가 있다. 큰 금액의 복권에 당첨되고 오히려 파멸에 이른 사람들에게, 복권의 당첨은 오히려 불행이 될 것이다. 잭팟은 행운이자 곧 불행일 수도 있는 것이다.

카지노는 일반적으로 사교, 금전의 획득, 승리감, 재미, 쾌감, 자기 성취감 등의 욕구 충족 기능이 있다. 그러나 반복하게 되면 조금씩 시작하여 많은 금전적 문제가 생기게 된다. 분명한 것은 이처럼 재미있고 무아지경으로 몰두하게 만드는 것은 아직 없다는 것이다. 베팅한 후 큰돈을 맞히었을 때 그 짜릿한 쾌감은 세상 어디에 가도 없던 경험이라고 생각하게 되며, 단순한 오락의 범위를 벗어나 우월감과 성취감, 해방감, 기대감의 충족을 안겨주게 된다. 그러나 이에 반해 중독이라는 병을 얻게 되므로, 카지노로 인한 행복과 불행은 서로 역설이 되지 않을 수 없다.

## 6) 어떻게 행복하게 살 것인가? 가지고 있는 것에 주목하라

카지노를 하는 사람 중 아마도 돈을 잃기 위해 게임하는 사람은 없을 것이다. 소유하고자 하는 것은 인간의 본능이다. 그런데 카지노는 돈을 잃게 만들어진 구조물이다. 이것을 극복하고 스타가 되기 위해서는 많은 노력과 강한 의지가 필요하다. 하지만 오래도록 카지노를 경험한 대다수 사람은 결국 자신의 재산에 손실을 입게 된다. 카지노는 자기와의 시간, 자신의 만족을 극대화할 수 있는 게임이다. 투자로서 카지노를 하고자 한다면, 최대한 잃을 수 있는 금액을 정해놓고 최대한 재미있게 즐기는 것이 최선이다. 마음껏, 최대한 즐기고, 미련 없이 벗어나서 다시 일상으로 되돌아가야 한다.

CHP의 그래프에서 최고의 절정기를 지나서 하향 곡선으로 들어가게 된다면, 자신에 대한 반성과 함께 자신의 인생을 관조하는 과정이 필요하다. 게임의 과몰입에서 빠져나오기 위해 명상 등도 도움이 될 것이다. 하향 단계에서 가장 중요한 것은 현재 가지고 있는 돈에 주목해야 한다는 것이다. 본전을 회복하기 위해, 아니면 조금만 더 채우기 위해 게임을 계속한다면 결핍에 주목하게 되어 결코 게임을 멈출 수가 없게 된다. 끝을 보기 전에는 일어설 수 없기 때문이다. 현재 남아있는 금액이라도 가지고 있는 것에 만족할 수 있는 정신적 성숙함을 갖추어야만 행복을 지킬 수 있는 자격을 갖추는 것이다. 그래야만 행복-역설에 걸려들지 않고 빠져나올 수 있다.

카지노는 삶의 무게를 지탱할 수 있는 돌파구로서 효과가 있다. 행복하면 게임에 몰입하는 사람이 적어진다는 연구 결과가 있다. 현실적 무게 때문에 도피처로서 도박하는 성향이 증가한다면, 우리 사회가 그만큼 건강하지 않다는 것이며, 지금 겪는 사회적 문제가 빨리 해결되어야 한다는 것을 의미한다. 지금처럼 사행 산업 자체가 도박 문제를 유발하는 것처럼 여겨져서는 사행 산업의 발전은 더 이상 기대할 수 없다. 도박 중독 유병률을 개인의 문제로만 치부해서는 안 된다. 우리 사회가 가지고 있는 사회적 문제가 해결될 때, 도박 중독 유병률도 함께 감소될 수 있을 것이다.

현재 사행 산업의 정책은 산업에 대한 규제 위주의 정책이다. 기업 및 운영자에 대한 규제를 하다 보니, 개개인의 행복은 고려 대상의 우선순위에서 밀려나 있는 것은 아닌지 하는 생각이 든다. 그동안 이용자 수요에 비해 공급이 부족하여 나타나는 부작용을 이용자에 대한 부정 행위 근절 등의 규제로 감독·감시하는 경향이 있었다. 이를 근본적으로 해결하기 위해서는 매출 총량제 등 산업을 규제하기보다는 개개인의 행복이 깨지지 않도록, 사회적인 부작용이 발생하지 않도록 보호와 예방 차원으로 규제를 보완해 주었으면 한다.

CHP는 카지노가 주는 두 가지 극명한 특성을 잘 활용해야 함을 시사한다. 전반기 기쁨과 즐거움을 경험하기 위해서는 건전하게 여가 생활로 즐길 수 있도록 해야 함을 의미하며, 후반기에는 후회, 절망을 경험하지 않도록 잘 규제하고 관리해야 함을 의미한다. 다만, 산업적 차원에서 게임을 규제할 것이 아니라 개인의 행복 보호와 사회적 부작용을 예방하는 차원에서 접근해야 한다.

오구리 히로시 교수의 이기고 돌아오는 확률 공식을 응용하면, 우리의 삶에서 행복해질 확률을 높일 수 있다. 아주 조금의 확률(p) 차이가 큰 차이의 결과를 낳는다는 것을 알 수 있었다.

우리가 행복하게 잘 살 수 있는 확률 $P(m, N)$의 공식을 계산해 보자.

이를테면 행복해지기 위해서는 건강이 필요하다. 건강하기 위해서는 규칙적인 운동을 해야 한다. 지금 시작해서 두 배로 행복해질 수 있으려면 어떻게 해야 할까? p의 확률을 3% 정도로만 늘리면 99.75%로 이길 수 있는 것과 마찬가지로, 하루에 규칙적인 운동을 하는 데 3% 정도만 더 노력한다면 얼마 후에는 건강해질 것이고 그로 인해 행복해질 수 있을 것이다.

| 행복해질 수 있는 확률 | $=$ | $\dfrac{1-(부정적\ 노력/긍정적\ 노력)^{초기\ 행복\ 점수}}{1-(부정적\ 노력/긍정적\ 노력)^{목표\ 행복\ 점수}}$ |
|---|---|---|
| m=초기 행복 점수, N=목표 행복 점수, p=긍정적 노력,<br>q= 부정적 노력, 긍정적 노력 p가 적어도 3% 이상 >q일 때 ||

오구리의 이기는 공식은 단순하지만 당연한 이치에 가깝다. 어찌 보면 긴 시간이기도 한 인생에서 **매일매일 조금씩 확률을 유리하게 하는 것만으로도 목표를 이루어 성공할 수 있다는 희망을 주는 공식**이다. 건강, 투자, 소득, 명예, 소비 등 일상생활에서 조금의 확률을 높이는 것만으로도 우리의 삶이 행복해질 수 있다는 것이다.

# 인생은 여정(旅程)과 같고, 카지노는 일기(日氣)와 같다

그리스 최고의 철학자인 탈레스는 우주의 본질을 '물'이라고 보았습니다. 물은 햇빛이 비치면 증발하여 수증기가 되지만 구름이 되었다가 때가 되면 다시 비가 되어 내립니다. 그리고 기온이 내려가면 얼음으로 변하기도 합니다. 물은 이렇게 순환하고 있습니다.

물은 수증기, 얼음, 빗방울로 모습은 변할지언정, 물이라는 본질은 변함이 없습니다. 이러한 물에는 양면성이 있습니다. 바다에 배를 띄워 사람이 건너갈 수 있게 환경을 제공해 주는 것이 물이지만, 배를 가라앉혀 사람이 바다에 빠져 죽게 만드는 것도 물입니다.

인생은 태어나고 자라고 늙고 병들어 죽는 생·로·병·사의 과정을 거칩니다. 행복이란 이러한 생로병사의 과정에서 느끼는 정서적인 감정과 물리적인 조건을 포함하는 개념으로 정의할 수 있습니다. 여행이란 무엇인가를 느끼고 체험할 수 있는 최고의 방법입니다. 행복한 인생이란 아름다운 추억을 담은 좋은 여행과도 같습니다.

좋은 여행을 하려면 건강해야 하고, 자본이 있어야 하고, 누군가 함께 할 동반자가 필요합니다. 우리의 인생도 행복하기 위해서는 건강해야 하고, 기본 생활이 가능한 소득과 재산이 있어야 하며, 함께 살아갈 동반자가 있어야 하는 것과 같습니다. 그래서 행복한 인생은 좋은 여행과도 같은 것입니다. 여행이 다 끝나갈 무렵, 체력도 떨어지고 피로에 지쳐 발걸음은 점점 더 무거워지겠지만, 출발할 때보다는 목적지에 훨씬 더 가까이 다가가 있는 것과 같은 이치가 아니겠습니까.

누구나 부자가 되기 위해 투자를 하지만, 그 투자로 인해 가난해지기도 합니다. 행복해지기 위해 카지노 게임을 하지만, 그 게임으로 인해 행복이 무너지기도 합니다. 카지노는 운과 확률에 의해 좌우되는 게임입니다. 운이란 시시각각 변화하는 성질을 가지고 있습니다. 그래서 운에 의해 좌우되는 게임이란 하루 날씨를 예측하는 것과도 같습니다.

게임 과정에서 즐거움과 재미, 스릴과 짜릿함까지 맛볼 수 있으면서 보너스로 돈까지 벌 수 있는 카지노 게임은 이 세상에서 경험해 보지 못한 신기한 도구일 수 있습니다. 카지노로 인해 괴롭고 힘든 일상의 삶에서 벗어나 새로운 삶의 목표와 활력을 되찾을 수 있지만, 오랜 시간 머물러 있으면 과거 가지고 있던 모든 행복의 요소를 빼앗길 수도 있습니다. 이는 카지노가 지닌 행복의 역설적인 특성입니다.

카지노는 행복하기 위해 잠시 이용하는 도구에 불과합니다. 강을 건널 수 있게 해주는 배와 같습니다. 강을 건넌 후에도 배를 육지까지 가져갈 수는 없습니다. 여행 후에는 그냥 그곳에 두고 와야 하는 겁니다.

행복한 삶을 살아가기 위한 도구로서 카지노를 활용하기 위해서는 다음 사항을 지켜야 합니다.

첫 번째로 재정적인 문제가 발생하지 않는 수준에서 해야 합니다. 사회적 문제를 일으키지 않으려면 여가 비용 정도로만 게임을 해야 합니다.

두 번째는 근로 의욕 저하가 생기지 않도록 본업을 성실하게 수행해야 합니다. 사회적 책임을 다하고 신뢰를 잃지 않으려면 일정한 직업이 있어야 합니다.

세 번째는 과거 가지고 있던 행복의 요소를 모두 포기해서는 안 됩니다. 카지노는 행복의 최종 목적이자 목적지가 아닙니다. 그냥 살면서 경험할 수 있는 재미있는 놀이일 뿐입니다. 그냥 취미처럼 즐길 수 있어야 평생 누릴 수 있습니다.

행복을 구성하는 요소는 나와 가족, 친구, 지역사회에서의 역할 등 사회적 관계와 관련된 것들입니다. 그것들은 카지노보다도 더 소중한 행복의 요인들입니다. 현재 가지고 있는 행복이 더 소중하다는 것에 주목한다면, 카지노가 주는 행복의 역설에 빠지지 않을 수 있습니다.

**더 많은 베팅이**<sup>The more betting</sup> **더 많은 행복을 가져다주지 않습니다. 더 많은 베팅은 더 많은 현실적 문제를**<sup>The more problems</sup> **초래할 수 있습니다.**

카지노로 인해 고통받는 분들이 더 이상 나타나지 않기를 기원하며, 부족하나마 이 글을 카지노로 인해 희생된 분들에게 바칩니다.

2020년 10월 26일 강원도 정선에서

　정암사 창건 1375주년 개산대재 시, 순국선열, 호국영령, 탄광산업 희생자, 카지노 희생자 등 유주무주 고혼을 추모하고 극락왕생을 발원하는 합동위령제가 끝나자 국보로 승격된 수마노탑 위로 봉황새와 같은 모양의 구름이 서쪽 하늘을 향해 곧게 뻗어 하늘로 올라가는 모양이 사진에 포착되었습니다.

백두대간 전경

　함백산 정상에서 바라본 백두대간의 전경을 바라보면서 그동안 카지노로 인해 희생된 분들의 넋에 위로를 드립니다.

# 참고자료

김승권 외,『한국인의 행복 결정요인과 행복지수에 관한 연구』, 한국보건사회
    연구원, 2008.

네이트 실버,『신호와 소음』, 이경식 역, 더퀘스트, 2014.4.

롤랑 바르트,『텍스트의 즐거움』, 김명복 역, 연세대학교출판부, 1990.

박근서,「게임의 탈주」,『게임의 이론』, 문화과학사, 2019.

박성수,『복합리조트시대 카지노미학』, 한국학술정보, 2013.

박창우・최정현,「카지노 인근지역 장기체류자들의 도박경험 및 삶에 관한
    탐색적 연구」,『한국지역사회복지학』, 44, 2013.

서상록 외,『가치를 창출하는 사회공헌』, 한국 사회복지협의회, 2019.

오구리 히로시,『수학의 언어로 세상을 본다면』, 서혜숙・고선윤 역, 바다출
    판사, 2020.

요한 호이징하,『호모 루덴스』, 김윤수 역, 까치, 1981.

이경희 외,「도박 이용자들의 도박중독 과정에 대한 질적 연구」,『한국심리학
    회지: 건강』, 16(1), 2011.3.

이동연 외,『게임의 이론』, 문화과학사, 2019.

이명우 외,「여가활동이 국민 행복에 미치는 영향」,『문화정책논총』, 30(2),
    2016.8.

이문진・환선환,「여가활동이 국민행복에 미치는 영향」,『문화정책논총』,
    30(2), 2016.

이민아・홍리라,「소득, 물질주의와 행복의 관계」,『한국인구학』, 37(4), 2014.

이서윤・홍주연,『더 해빙』, 수오서재, 2020.

이승철,「"도박자"의 인류학을 위한 연구 노트」,『문학과 사회』, 2018.

이양호 외,「불평등과 행복 한국의 사례」,『한국정치학회보』, 47(3), 2013.6.

이혜림・정의준,「게임 이용자들의 자아존중감, 게임 효능감, 사회 자본이 삶
    의 만족도에 미치는 영향에 관한 연구: 헤도닉과 유다이모닉 행복 관
    점을 중심으로」,『멀티미디어학회 논문지』, 18(9), 2015.

조지 베일런트,『행복의 조건』, 이시형 감수, 프런티어, 2020.

최성락,『나는 카지노에서 투자를 배웠다』, 페이퍼로드, 2019.

최성락,「사행성 게임 베팅 상한선 규제의 적정성에 관한 연구」,『한국행정논집』,

24(1), 2012.

필립 코틀러, 『마케팅관리론』(개정8판), 윤훈현 역, 1995.

홍선희, 「카지노 인근에 머무는 중노년 여성의 도박과 체류 경험에 관한 연구」, 『한국심리학회지: 여성』, 24(3), 2019.

Ayton, P. and Fischer, 1, "The Hot Hand Fallacy and the Gambler's Fallacy: Two faces of Subjective Randomness?", *Memory & Cognition*, 32, 2004.

박성수 ───────────────────────────

-강원랜드 근무
-강릉원주대학교 경영대학원 경영학 박사
-서울대학교 경영대학원 공기업 경영자 과정 수료

저서
『지금처럼 산다면』
『복합리조트시대 카지노 미학』

# 카지노와 행복의 역설

초판인쇄  2020년 12월 22일
초판발행  2020년 12월 22일

지은이  박성수
펴낸이  채종준
펴낸곳  한국학술정보㈜
주소  경기도 파주시 회동길 230(문발동)
전화  031) 908-3181(대표)
팩스  031) 908-3189
홈페이지  http://ebook.kstudy.com
전자우편  출판사업부  publish@kstudy.com
등록  제일산-115호(2000. 6. 19)

ISBN  979-11-6603-248-6  93320